Das Heilige Kloster der Panagia Eikosifoinissa:

Verbindung mit dem Heiligen Berge Athos vor dem Hintergrunde dessen verfassungsrechtlicher Besonderheiten

von

Dimitrios Parashu, Dr. iur., MLE

Dikigoros (griech. Rechtsanwalt),
Wissenschaftlicher Mitarbeiter, Juristische Fakultät der Gottfried Wilhelm Leibniz Universität Hannover,
Allgemein beeidigter Dolmetscher und ermächtigter Übersetzer für die griechische Sprache (Land Niedersachsen)

Bibliografische Information der Deutschen Nationalbibliothek

Die Deutsche Nationalbibliothek verzeichnet diese Publikation in der
Deutschen Nationalbibliografie; detaillierte bibliografische Daten sind
im Internet über http://dnb.d-nb.de abrufbar.

ISBN 978-3-8325-4477-5

Logos Verlag Berlin GmbH
Comeniushof, Gubener Str. 47,
10243 Berlin
Tel.: +49 (0)30 42 85 10 90
Fax: +49 (0)30 42 85 10 92
INTERNET: http://www.logos-verlag.de

Ἀφιεροῦται εἰς τὴν Ἱερὰν Μνήμην

τῶν

Ἁγίου Χρυσοστόμου, Μητροπολίτου Σμύρνης καὶ Ἐθνομάρτυρος,
Μητροπολίτου Δράμας καὶ Ζιχνῶν 1902-1910

καὶ

Ἀγαθαγγέλου Β' τοῦ Μάγνητος,
Μητροπολίτου Δράμας καὶ Ζιχνῶν 1910-1922

INHALTSVERZEICHNIS

INHALTSVERZEICHNIS

a.a.O.	am angegebenen Orte
Abs.	Absatz
Abss.	Absätze
AΠ	Άρειος Πάγος/Areopag
Αριθ.	Αριθμός (Arithmos=Nummer)
Art.	Artikel
Artt.	Artikel (Plural)
AEKΔ	Αρχείον Εκκλησιαστικού και Κανονικού Δικαίου/Archeion Ekklisiastikou kai Kanonikou Dikaiou (rechtswissenschaftliche Zeitschrift)
Aufl.	Auflage
Bd.	Band
EEN	Εφημερίς Ελλήνων Νομικών/Efimeris Ellinon Nomikon (rechtswissenschaftliche Zeitschrift)
EEEυρΔ	Ελληνική Επιθεώρησις Ευρωπαϊκού Δικαίου/Elliniki Epitheorisis Europaikou Dikaiou (rechtswissenschaftliche Zeitschrift)
ff.	fortfolgend
Fn.	Fußnote
GrV	Griechische Verfassung
Hg.	Herausgeber
Ibid.	Ibidem
i.V.m.	in Verbindung mit
insbes.	insbesondere
JöR	Jahrbuch des öffentlichen Rechts
JöR N.F.	Jahrbuch des öffentlichen Rechts der Gegenwart, Neue Folge
Lit.	Littera
m.w.N.	mit weiteren Nachweisen
n. Chr.	nach Christus
Nr.	Nummer
ν.δ. (n.d.)	Nomothetikon Diatagma (legislative Verordnung)
S.	Seite
Τομ.	Τόμος (Tomos=Band)
Ziff.	Ziffer
Vgl.	Vergleiche

ABKÜRZUNGSVERZEICHNIS

Prolegomena

Der erste persönliche Bezug, den ich zum Heiligen Kloster der Panagia Eikosifoinissa (Großschreibung gemäß dem Griechischen: Ἱερὰ Μονή Παναγίας Εἰκοσιφοινίσσης) erhalten durfte, reicht an den Beginn der 1990er Jahre zurück. Bei unseren familiären Sommerurlauben waren Besuche dieses Klosters von Rodolivos (Serres) aus, woher ich väterlicherseits stamme, sehr häufig. Bereits damals vermochte diese Örtlichkeit im Herzen Makedoniens (nahe Drama, Serres und Kavala) – ob ihrer Historie und ihrer Atmosphäre – einen besonderen Eindruck bei mir zu hinterlassen. Meine Großmutter väterlicherseits sprach bereits damals zu uns über die ‚Kosfinissa' (‚Κοσφίνισσα').

Der Umstand, dass diesem geschichtlich signifikanten Ort über die letzten Jahrhunderte einiges Unrecht getan worden ist (zuletzt namentlich durch die bulgarischen Okkupationen in den beiden Weltkriegen, womit der Diebstahl bedeutsamer religiöser Reliquien einherging) hat mein Interesse an einer vertieften Beschäftigung mit diesem Topos zusätzlich geweckt. Dies geschah freilich auch durch verstärkte familiäre Bezüge: In den Jahren der ersten bulgarischen Okkupation des östlichen Makedonien (um 1917) geschah es, dass mein Urgroßonkel väterlicherseits, *Dimitrios Kampour-Parashu*, von den Bulgaren verschleppt und auf ungeklärte Art und Weise ermordet worden ist. Mein Urgroßvater väterlicherseits *Kiriakos* beschloss 1926, in Reminiszenz an seinen verstorbenen Bruder, seinen Sohn ebenfalls auf den Vornamen *Dimitrios* zu taufen. Letztgenannter war mein Großvater väterlicherseits; der griechischen Tradition entsprechend habe ich bei meiner Taufe den Vornamen meines Großvaters väterlicherseits erhalten, der ja bereits der Vorname meines bezeichneten Urgroßonkels gewesen ist.

Vor diesen Hintergründen war es für mich selbstverständlich, insbes. im 175. Jubiläumsjahre der Wiedererrichtung der zentralen Kirche des Heiligen Klosters (1842-2017) einen Band zu fertigen, welcher dieses Heilige Kloster würdigen, aber auch über die Grenzen meiner Heimat hinaus bekannter machen soll.

Schematisch widmet sich die Arbeit zunächst (in Etappenabschnitten) der höchst wechselhaften Geschichte des Heiligen Klosters, welche zu Teilen – namentlich nach der finsteren Epoche um 1507 und dem Mord an seinen 172 Geistlichen – eng mit dem Heiligen Berge Athos verbunden ist. Der Umstand, dass der Heilige Berg Athos seinerzeit durch die Abordnung einer Zahl von

Mönchen eines seiner namhaftesten Klöster dem Heiligen Kloster der Panagia Eikosifoinissa das Überleben sicherte, wird genauso gewürdigt, wie ferner auch ein Überblick über die Verfassungswirklichkeit des Heiligen Berges (mitsamt einer Reihe von Besonderheiten des orthodoxen Kirchenrechtes) gegeben wird.

Des Weiteren widmet sich die Arbeit auch der charakteristischen Architektur des Heiligen Klosters. Hierbei wird nicht zuletzt auch das Wirken namentlich der beiden sogenannten ‚Gründer-Besitzer' des Heiligen Klosters (Ktetoren, ‚κτήτορες')[1], namentlich des Heiligen Germanos, der das Heilige Kloster der Legende nach 518 n. Chr. erbaute, und des Heiligen Dionysios, wie auch die namhafte Heilige Ikone des Klosters selbst, gewürdigt. Darüber hinaus soll auch ein herausragender Kirchenfürst des 19. Jahrhunderts, namentlich *Neophytos VIII.* (ökumenischer Patriarch von Konstantinopel in den Jahren 1891-1894) hervorgehoben werden, da dieser – seine Kindheitswurzeln aus Rodolivos herleitend, wo bis zum heutigen Tage ein eindrucksvolles Denkmal an ihn erinnert – auch für das Heilige Kloster der Panagia Eikosifoinissa naturgemäß von einiger Bedeutung war.

An dieser Stelle ist es mir ein besonderes Anliegen, meiner Familie für ihre ständige liebevolle Fürsorge und Geduld zu danken, ohne welche ich das Werk sicherlich nur schwerlich hätte fertigen können. Insbes. möchte ich meiner lieben Ehefrau *Dimitra* für ihre Korrekturlesung wie auch ihre sehr konstruktiven Impulse von Herzen danken. Besonderer Dank gebührt auch dem Logos Verlag Berlin, namentlich in Person von *Dr. Volkhard Buchholtz* und *Kathrin Rogel*, sowohl für die langjährige Treue als auch für die gewohnt professionelle Zusammenarbeit hinsichtlich der Veröffentlichung dieses Werkes.

Während der Vorarbeiten und der Arbeit an diesem Werk musste ich von geliebten Verwandten Abschied nehmen: Meinen Großonkeln *Christos Kourkoulos* (1942-2016) und *Georgios Kourkoulos* (1940-2017). Auch ihrem Andenken ist das Folgende von Herzen gewidmet.

Ολοκληρώθη Χάριτι Παναγίας Εικοσιφοινίσσης, 25-3-2017

Dimitrios Parashu

---

[1] Vgl. hierzu anstelle vieler *Thomas, John Philip,* Private Religious Foundations in the Byzantine Empire (Dumbarton Oaks Studies Twenty-Four), Washington D.C. (Dumbarton Oaks) 1987, insbes. S. 253 ff.

GESCHICHTLICHE HINTERGRÜNDE DES HEILIGEN KLOSTERS DER PANAGIA EIKOSIFOINISSA

A. Zur etymologischen Herleitung des Namens des Heiligen Klosters der Panagia Eikosifoinissa[2]

I. Einleitung

Der hellenische Sprachraum ist fürwahr reich an Gotteshäusern und dazugehörigen zentralen Ikonen, welche insbes. auch der Mutter Gottes ‚Παναγία' / ‚Panagia', als ‚Allheilige' zu übersetzen) gewidmet sind. Diese tragen zumeist weiterführende Namensbezeichnungen der Mutter Gottes, welche oftmals geographische Bezüge aufweisen. Ein herausragendes Beispiel hierfür ist die Zentralkirche sowie die dazugehörige Ikone der Panagia von Tinos.

Ein geographischer Bezug bei der Namensbezeichnung ist aber nicht immer der Fall. Die Bedeutung des Namens des Heiligen Klosters der Panagia Eikosifoinissa, welches im Zentrum der hiesigen Analyse steht und im östlichen

---

[2] Vgl. im Folgenden *Moschopoulos, Damaskinos,* Das Heilige Kloster der Eikosifoinissa (Η Ιερά Μονή της Εικοσιφοινίσσης), Konstantinopel 1896, S. 1 ff. (auf Griechisch); *Tsiakas, Konstantinos Euthymiou,* Geschichte des Heiligen Klosters der Eikosifoinissa des Pangaion, mitsamt eines Gebetskanons der freihändig (erschaffenen) Ikone und einer Akolouthie des Heiligen Dionysios, Patriarchen von Konstantinopel, der im Heiligen Kloster der Eikosifoinissa asketisch wirkte (Ιστορία της Ιεράς Μονής της Εικοσιφοινίσσης Παγγαίου μετά Παρακλητικού Κανόνος της αχειροποιήτου και Ακολουθίας του Αγίου Διονυσίου Πατριάρχου Κωνσταντινουπόλεως, ασκήσαντος εν τη Ιερά Μονή Εικοσιφοινίσσης), Drama 1958, S. 1 ff. (auf Griechisch); *Panagopoulos, Dimitrios,* Das Heilige Kloster der Eikosifoinissa des Pangaion (Ιερά Μονή Εικοσιφοινίσσης Παγγαίου), Athen 1973, S. 1 ff. (auf Griechisch); *Atsalos, Vassilis,* Der Name des Heiligen Klosters der freihändig gefertigten Panagia des Pangaion, der Kosinitsa oder Eikosifoinissa (Η ονομασία της Ιεράς Μονής της Παναγίας της Αχειροποιήτου του Παγγαίου, της επονομαζομένης της Κοσινίτσης ή Εικοσιφοινίσσης), [Stadtgemeinde Drama, Historisches Archiv (Δήμος Δράμας, Ιστορικό Αρχείο)], Drama 1995 (auf Griechisch; *passim); Provatakis, Theocharis M.,* Das Kloster der Eikosifoinissa der freihändig gefertigten (Ikone) des Pangaion-Gebirges (Η Μονή Εικοσιφοίνισσας η Αχειροποίητος του Παγγαίου Όρους), Athen 1998, S. 1 ff. (auf Griechisch); ebenso *Kontos, Konstantinos I.,* Byzantinisches Erbe: Das Heilige Frauenkloster der Panagia Eikosifoinissa des Pangaion (Βυζαντινή παρακαταθήκη: Η Ιερά γυναικεία Μονή Παναγίας Εικοσιφοινίσσης Παγγαίου) vom 13. August 2015, eingesehen unter http://yaunatakabara.blogspot.de/2012/06/blog-post_29.html (m.w.N.; auf Griechisch; Abruf am 31. Januar 2017); vgl. ferner *(ohne Autorenangabe)* Das Heilige Kloster der Panagia Eikosifoinissa (Pangaion) (Ιερά Μονή Παναγίας Εικοσιφοινίσσης (Παγγαίου)) vom 8. Oktober 2009, eingesehen unter http://yaunatakabara.blogspot.de/2009/10/blog-post_6918.html (m.w.N.; auf Griechisch; Abruf am 31. Januar 2017); *(ohne Autorenangabe)* Makedonische Kirchentradition: Das Heilige Kloster der Panagia Eikosifoinissa des Pangaion (Μακεδονική Εκκλησιαστική παράδοση: Η Ιερά Μονή Παναγίας Εικοσιφοινίσσης Παγγαίου) vom 6. April 2012, eingesehen unter http://yaunatakabara.blogspot.de/2012/04/blog-post_06.html (m.w.N.; auf Griechisch; Abruf am 31. Januar 2017); ebenso *(ohne Autorenangabe)* Das Heilige Kloster der Panagia Eikosifoinissa (Ιερά Μονή Παναγίας Εικοσιφοίνισσας) auf dem Internetauftritt von ‚Μοναστήρια της Ελλάδος' (Klöster Griechenlands; monastiria.gr), eingesehen unter http://www.monastiria.gr/makedonia/nomos-seron/iera-moni-eikosifoinissas/ (auf Griechisch; Abruf am 31. Januar 2017).

Makedonien, nahe der Städte Serres, Drama und Kavala befindlich ist (gleichsam aber der Metropolie von Drama unterstellt ist), ist ihrerseits, der Legende nach, nicht auf eine einzelne Erklärung zurückzuführen, sondern auf deren drei.[3] Darunter gibt es ersichtlich keine herrschende; dies kann darauf gegründet werden, dass im herkömmlichen griechischen Sprachgebrauch (speziell in den umliegenden Ortschaften des Heiligen Klosters) verschiedene Namensbezeichnungen für das Heilige Kloster kursieren (etwa ‚Κοσιφοίνιτσα', ‚Κοσσυφινίτσα', ‚Κοσφίνισσα', ‚Κοσίνισσα', ‚Κοσίνιτζα' oder auch ‚Κόσνιτζα').[4] In jedem Falle lohnt es sich, dem geneigten Leser alle drei einschlägigen Namensdeutungen darzulegen.

---

[3] Vgl. *Kyratsos, Dionysios K. (Bischof; Metropolit von Drama)*, Geschichte und Wunder der Panagia Eikosifoinissa. Kurze Geschichte des Klosters und Wunder der Panagia Eikosifoinissa (Ιστορία και Θαύματα Παναγίας Εικοσιφοινίσσης. Σύντομη Ιστορία της Μονής και Θαύματα Παναγίας Εικοσιφοινίσσης) (Herausgeber und Mitarbeit: Evangelos P. Lekkos), 5. Aufl. Drama 2003, S. 17 (auf Griechisch).
[4] Vgl. ibid.

II. Zur Legende von den Zwanzig Palmen

Als der Heilige Germanos durch einen Engel den ersten Befehl der Mutter Gottes hierfür vernahm, im geographischen Raum des Heiligen Klosters der Panagia Eikosifoinissa ebendieses zu errichten, befand er sich in einer von zwanzig (im Griechischen ‚εἴκοσι‘) Palmen (im Griechischen ‚φοίνικες‘) umgebenen Oase, ganz in der Nähe des Heiligen Klosters des „Timios Prodromos" am Jordan.[5] Von der Mutter Gottes geleitet, gelangte der Heilige Germanos binnen sieben Jahren nach Makedonien, und benannte das von ihm errichtete Kloster im Pangaion-Gebirge als Ehrerbietung zur Mutter Gottes und gleichsame Reminiszenz an die zwanzig Palmen der vorgenannten Oase als ‚Παναγία Εἰκοσιφοίνισσα‘.[6]

Die mündliche Tradierung der einschlägigen Legende geht auf Mönch *Grigorios Katsivakis* zurück, welcher lange Jahre (namentlich zu Zeiten der bulgarischen Okkupation des relevanten Teiles Nordgriechenlands im II. Weltkrieg) und bis zum Jahre 1956 der Abt des Klosters der Panagia Eikosifoinissa war.[7]

---

[5] Vgl. ibid.
[6] Vgl. ibid.
[7] Vgl. ibid.

III. Zur Legende von der Amsel und der Weihwasserquelle

Als der Heilige Germanos die bezeichnete Ortschaft erreichte, um das Heilige Kloster zu errichten, musste er feststellen, dass keinerlei Wasserquelle dort anzutreffen war.[8] In dieser ausgesprochenen Notlage fügte es sich, dass eine Amsel (im Griechischen ‚κόσσυφος' / ‚κοτσύφι') in unmittelbarer Nähe ein Nest errichtete, worauf der Heilige Germanos aufmerksam wurde.[9] Unterhalb dieses Nestes entdeckte der Heilige schließlich eine Quelle geweihten Wassers, welche durch das dort anzutreffende Moor nicht *prima facie* erkennbar war. Diese Quelle befindet sich auch heute noch in unmittelbarer Nähe zur Nebenkirche der Heiligen Barbara, auf dem Gelände des Heiligen Klosters der Panagia Eikosifoinissa.[10]

Dieser zweiten Legende nach erhielt das vom Heiligen Germanos errichtete Kloster seinen Namen (‚Κοσσυφινίτσα') zu Ehren der bezeichneten Amsel, mithilfe derer der Heilige aus seiner Notlage befreit wurde.[11] Diese Legende wurde insbes. durch den bekannten griechischen Dichter des 18. Jahrhunderts, *Kaisarios Dapontes*, verteidigt, welcher in diesem Zusammenhang 1768 in seinem Werk ‚Ἀπαρίθμησις τῶν ὀνομαστῶν ναῶν καὶ μονῶν τῆς Παναγίας' (‚Aufzählung der renommierten Kirchen und Klöster der Mutter Gottes') schrieb:[12]

„Στήν ἐπαρχία Δράμας δέ ἡ Παναγία πάλιν
ἡ καὶ ἀχειροποίητος καὶ εἰς Μονήν μεγάλην
Κοσσυφινίτσα λέγεται, ὅτι Κοσσύφι ἕνα
ἔδειξ' ἐκεῖ ἕνα νερό, θαῦμα βεβαιωμένο,
θαῦμα τῆς Παναγίας μου καί τοῦτο δίχως ἄλλο
διό πανηγυρίζεται μέ πλῆθος καί μεγάλο".

(*„Im Bezirk von Drama nennt sich die Panagia wiederum*
welche sowohl freihändig geschaffen als auch im großen Kloster (gefeiert wird)
Kossyfinitsa, da eine Amsel

---

[8] Vgl. ibid.
[9] Vgl. ibid.
[10] Vgl. ibid.
[11] Vgl. ibid.
[12] Vgl. *Kyratsos*, a.a.O. [Fn. 3], S. 17-18 (auf Griechisch).

dort auf ein Wasser aufmerksam machte, ein bestätigtes Wunder,
ein Wunder meiner Mutter Gottes und dieses vollkommen klar
daher es gefeiert wird durch eine große Vielzahl (von Menschen).")

IV. Zur Legende des rötlichen Scheines der Heiligen Ikone

Die dritte Erklärung, welche der Legende nach über den Namen des Heiligen Klosters der Panagia Eikosifoinissa gegeben wird, bezieht sich auf die Heilige Ikone der Panagia Eikosifoinissa.[13] Als der Heilige Germanos die Errichtung des Gotteshauses abgeschlossen hatte, begab er sich auf die Suche nach geeignetem Holz zum Zwecke der Fertigung einer Ikone zu Ehren der Mutter Gottes.[14] In einem Gebiet, welches auch heute noch als ‚Στασίδιον τῆς Παναγίας‘ (‚Stasidion tis Panagias‘, als ‚Standpunkt der Mutter Gottes‘ übersetzbar) bezeichnet ist, wurde der Heilige recht rasch fündig: ein sehr imposanter Baum mit einem starken Stamm sollte zur Fertigung der Ikone gefällt werden.[15] Bei der Bearbeitung des Holzes zum angeführten Zwecke geschah jedoch ein Missgeschick - die Holzoberfläche riss, und an eine Schaffung der Ikone auf dieser Grundlage war nicht mehr zu denken.[16]

Der Heilige Germanos zog sich sodann zu einem Gebet zurück, wobei ihm die Mutter Gottes erschien und folgendes zu ihm sprach:[17]

„Γερμανέ, πιστότατε δοῦλε τοῦ μονογενοῦς Υἱοῦ μου, εἶδα τήν πίστη σου καί τήν ἀληθινή εὐλάβεια τήν ὁποία ἔχεις σέ μένα καί ἐπειδή τόσο πολύ λυπήθηκες, διότι σχίσθηκε ἡ σανίδα, πού ἑτοιμαζόταν γιά μένα, ἰδού ἐγώ σοῦ χαρίζω τήν εἰκόνα μου, ἀπαράλλακτα ὅπως εἶμαι, φιλοτεχνημένη μέ θαυμαστό τρόπο σ᾽ αὐτή τήν παραπεταμένη σανίδα, χωρίς νά βάλει σ᾽ αὐτήν χέρι τεχνίτης".

(„Germanos, treuer Diener meines einzigen Sohnes, ich habe deinen Glauben und deine wirkliche Ehrfurcht festgestellt, welche du mir gegenüber hast, und da du dich so sehr darüber grämtest, dass die Holzoberfläche riss, welche für mich vorbereitet wurde, so schenke ich dir hiermit mein Bildnis, unverändert wie ich bin, auf wundersame Weise auf dieser abgelegten Holzoberfläche gefertigt, ohne dass ein Arbeiter diese berührt hätte".)

---

[13] Vgl. *Kyratsos*, a.a.O. [Fn. 3], S. 18 (auf Griechisch).
[14] Vgl. ibid.
[15] Vgl. ibid.
[16] Vgl. ibid.
[17] Ibid.

Diese Episode wurde von einem taubstummen Jungen beobachtet, welcher den Mitarbeitern des Heiligen Germanos aushalf.[18] Der Junge sah sodann plötzlich eine unbekannte Frau mit einem Kinde im Arm vor sich, welche vor der abgelegten Holzoberfläche stand und sagte:[19]

„Αὐτή ἡ σανίδα εἶναι πολύ κατάλληλη γιά τήν εἰκόνα μου καί ἄδικα οἱ τεχνίτες ζητοῦν ἄλλη".

(„Diese Holzoberfläche ist sehr passend für meine Ikone und die Arbeiter verlangen ungerechtfertigterweise nach einer anderen").

Der taubstumme Junge konnte all dies vernehmen;[20] doch nicht nur dies, denn es war ihm auch möglich, den Arbeitern von seinem Erlebnis zu erzählen.[21] Der Heilige Germanos und seine Mitarbeiter folgten ihm und entdeckten vor sich die Ikone, welche ohne Einwirken einer menschlichen Hand auf der Holzoberfläche erschien und in Gänze in einem rötlichen Lichte erstrahlte.[22]

Die dritte Erklärung der Namensherkunft des Heiligen Klosters der Panagia Eikosifoinissa bezieht sich mithin auf ebendieses Wunder der Ikone (‚Εἰκών'), welche erstrahlte und purpur-rötliches (im Griechischen ‚φοινικοῦν') Licht spendete.[23] Diese Legende wurde vom Abt des Klosters der Panagia Eikosifoinissa *Chryssanthos* (1782) und vom Mönche *Ilarion dem Kreter* tradiert, welcher die Schriften des *Chryssanthos* 1819 herausgab.[24] Dieselbe Erklärung ist nicht zuletzt auch einem Gedichte *Chryssanthos'* zu entnehmen, welches den Titel ‚Über das Wunder, welches bezüglich der Heiligen und freihändig geschaffenen Ikone der Mutter Gottes geschah' (‚Περί τοῦ θαύματος, τό ὁποῖον ἐγένετο εἰς τήν πάνσεπτον καί ἀχειροποίητον εἰκόνα τῆς Θεοτόκου') trug:[25]

---

[18] Vgl. ibid.
[19] Ibid.
[20] Vgl. ibid.
[21] Vgl. ibid.
[22] Vgl. *Kyratsos*, a.a.O. [Fn. 3], S. 18-19 (auf Griechisch).
[23] Vgl. *Kyratsos*, a.a.O. [Fn. 3], S. 19 (auf Griechisch).
[24] Vgl. ibid.
[25] Ibid.

„Φοινίσσουσα δ' ὁρᾶται ἐρευθομένη θεοειδής
Εἰκοσιφοινίσσης τοὔνομα τῇ δέδοται
Τόφρα Πατήρ καί τῇδε μονῇ τόδε τοὔνομα θῆκε
Εἰκόνος ἐξ ἱερῆς Θειοτόκου μετάγων. "

(„Sie erscheint mit rötlicher Farbe und göttlichem Gesicht
Daher erhielt sie den Namen Eikosifoinissa
So gab der Pater (Heiliger Germanos) auch dem Kloster selbst diesen Namen
Dies von der Heiligen Ikone der Mutter Gottes ableitend. ").

B. Das Wirken des Heiligen Germanos[26]

I. Prämisse

Sozon, Bischof von Philippoi, ein Teilnehmer der IV. Ökumenischen Synode (Chalkidon, 451 n.Chr.) hat, wie es überliefert wird, eine Kirche, wie auch einen klösterlichen Komplex in der Ortschaft Vigla, 50 Meter östlich des heutigen Heiligen Klosters der Panagia Eikosifoinissa, gegründet.[27] Die Ruinen einer starken Wand dokumentieren eindrucksvoll die Existenz eines solchen Gebäudekomplexes.[28]

Der Heilige Germanos konnte seinerseits bereits in sehr jungen Jahren im Heiligen Kloster des „Timios Prodromos" nahe dem Jordan wirken.[29] Dieses sehr alte und immer noch bestehende Kloster hatte gegen 500 n. Chr. auch die Heilige Maria die Ägypterin besucht, bevor sie in die Wüste weiterzog; und auch der Heilige Pater Abbas *Zosimas* war, etwa 40 Jahre später, in diesem Kloster tätig.[30] Dem Beispiel dieser namhaften Heiligen folgend, wirkte auch Germanos in vorzüglich asketischer Art und Weise ebendort.[31] Im Alter von 30 Jahren, so will es die Legende, erschien ihm „auf göttliche Fügung hin" („θεία τις ὄψις ἐπιστᾶσα") ein Engel „im weißen Gewande" („στολήν λευκήν ἠμφιεσμένος") und leitete ihm einen Befehl der Mutter Gottes weiter, auf dass er nach Makedonien gehe und auf einem Berge eine Kirche in ihrem Namen

---

[26] Vgl. im Folgenden *Moschopoulos*, a.a.O. [Fn. 2], prinzipiell S. 1 ff. (auf Griechisch); ebenso *Tsiakas*, a.a.O. [Fn. 2], prinzipiell S. 1 ff. (auf Griechisch); *Panagopoulos*, a.a.O. [Fn. 2], prinzipiell S. 1 ff. (auf Griechisch); *Provatakis*, a.a.O. [Fn. 2], bereits S. 1 ff. (auf Griechisch); ferner vgl. ebenso *(ohne Autorenangabe)* Das Heilige Kloster der Panagia Eikosifoinissa (Ιερά Μονή Παναγίας Εικοσιφοίνισσας), a.a.O. [Fn. 2] (auf Griechisch); *(ohne Autorenangabe)* Das Heilige Kloster der Panagia Eikosifoinissa (Pangaion) (Ιερά Μονή Παναγίας Εικοσιφοινίσσης (Παγγαίου)), a.a.O. [Fn. 2] (auf Griechisch); *(ohne Autorenangabe)* Makedonische Kirchentradition: Das Heilige Kloster der Panagia Eikosifoinissa des Pangaion (Μακεδονική Εκκλησιαστική παράδοση: Η Ιερά Μονή Παναγίας Εικοσιφοινίσσης Παγγαίου), a.a.O. [Fn. 2] (auf Griechisch); ebenso *Kontos*, a.a.O. [Fn. 2] (auf Griechisch); *Rizopoulos, Pan.*, Heilige Basilika, patriarchisches und aus dem Kreuze quellendes Kloster der Panagia Eikosifoinissa. Die (freihändig geschaffene) Ikone des Pangaion und Beschützerin Makedoniens (Ιερά Βασιλική, Πατριαρχική και Σταυροπηγιακή Μονή Παναγίας Εικοσιφοινίσσης. Η Αχειροποίητος του Παγγαίου προστάτιδα της Μακεδονίας), Dezember 2007, eingesehen unter http://www.orthodoxia.gr/show.cfm?id=1144&obcatid=3 (m.w.N.; auf Griechisch; Abruf am 31. Januar 2017).

[27] Vgl. *Kyratsos*, a.a.O. [Fn. 3], S. 13 (auf Griechisch).

[28] Vgl. ibid.

[29] Vgl. *Kyratsos*, a.a.O. [Fn. 3], S. 14 (auf Griechisch).

[30] Vgl. ibid.

[31] Vgl. ibid.

errichte.[32] Da *Germanos* zunächst zögerte, wurde die Weisung an ihn nochmals wiederholt.[33]

Nach seinem letztlichen Aufbruch und einer recht langen und anstrengenden Reise kam er in Christoupolis (der heutigen Stadt Kavala) an.[34] Einer neueren Engelserscheinung folgend, soll er weiter gen Westen gezogen sein, und nachdem er das antike Philippoi passiert hatte, bestieg er einen Berg nördlich von Drama.[35] In einem Abstand von 50 Stadien zu dieser Stadt fand er eine Höhle, worin er eine Kirche erbaute.[36] Hierfür arbeitete er, wiederum der Legende nach, dreieinhalb Jahre lang.[37] Es schien ihm jedoch, als wenn dies nicht der von der Mutter Gottes hierfür gewünschte Ort war.[38]

II. Die Schaffung des Heiligen Klosters

Nach der letztgenannten Entwicklung erschien Germanos ein Engel und erteilte ihm neuere Weisungen;[39] daraufhin kam Germanos in das Pangaion-Gebirge, nahe den Ruinen von Vigla.[40] Sogleich machte er sich dort an die Schaffung der gewünschten Kirche. Beim für den Bau notwendigen Umgraben entdeckte er zwei wundersame Kreuze, welche höchstwahrscheinlich von der antiken Kirche her stammten, welche der Bischof von Philippoi, *Sozon*, errichten ließ.[41] Dies weckte sogleich das Interesse der Bevölkerung vor Ort, welche Germanos nach Kräften finanzielle Mittel für den Bau, wie auch starken persönlichen Einsatz bereitstellten.[42] Diese Liebe und Zuneigung der Bevölkerung zu ähnlichen Vorhaben zieht sich freilich wie ein roter Faden bis hin zum heutigen Tage.

Germanos lud ferner Arbeiter aus umliegenden und weiter entfernten Ortschaften ein, auf dass die Kirche schneller errichtet würde.[43] Allerdings stellte sich heraus, dass die letztlichen Baukosten das hierfür zusammengeführte

---

[32] Vgl. ibid.
[33] Vgl. ibid.
[34] Vgl. ibid.
[35] Vgl. ibid.
[36] Vgl. ibid.
[37] Vgl. ibid.
[38] Vgl. ibid.
[39] Vgl. ibid.
[40] Vgl. ibid.
[41] Vgl. ibid.
[42] Vgl. ibid.
[43] Vgl. ibid.

Kapital um ein Vielfaches überstiegen – nur 10 der insgesamt geschuldeten 100 Goldmünzen konnten aufgebracht werden.[44] Solcherart zog Germanos den Zorn der Arbeiter auf sich. Er wurde verhaftet und nach Drama gebracht, um wegen seiner Schulden verurteilt zu werden.[45] Der Heilige wurde dermaßen brutal von den Arbeitern dorthin gezogen, dass er mehrere Verletzungen hierbei erlitt.[46] Es wird überliefert, dass sich immer noch Spuren seines Blutes auf Steinen entlang des betreffenden Weges nach Drama finden.[47]

Es fügte sich allerdings, dass zur selben Zeit zwei Edelmänner aus Konstantinopel, *Nikolaos* und *Neophytos*, auf ihrem Wege als Repräsentanten des byzantinischen Kaisers *Vassileios I. des Makedonen* vom heutigen Serbien aus nach Konstantinopel zurückkehrten und sich desselben Weges bedienten.[48] Nahe der Ortschaft Portes sahen sie, wie der Heilige grausamst von den Arbeitern gezogen wurde, und nachdem sie sich über den Grund dieses Verhaltens informierten, zahlten beide den Arbeitern die übrigen 90 Goldmünzen, um den Heiligen freizubekommen.[49] Diese beiden Edelmänner sollten übrigens Jahre später all ihr Hab und Gut verkaufen, um im neuen Heiligen Kloster als Mönche zu wirken.[50]

III. Das Erbe des Heiligen Germanos

Der Heilige Germanos sollte mehrere Jahre lang mit Weisheit an der Spitze des neuen Heiligen Klosters stehen.[51] Kurz vor seinem Tode bestimmte er noch den bereits angeführten *Neophytos* zu seinem Nachfolger.[52] Sein Name (wie auch derjenige der angesprochenen *Nikolaos* und *Neophytos*) wird am 22. November jeden Jahres gefeiert, und seine Biographie ist im handschriftlichen Kodex 19 des Hermariums 59 der Laurentianischen Bibliothek zu Florenz einzusehen.[53] Fraglich war jedoch jahrzehntelang, was mit seinen heiligen Gebeinen geschah –

---

[44] Vgl. ibid.
[45] Vgl. ibid.
[46] Vgl. ibid.
[47] Vgl. *Kyratsos*, a.a.O. [Fn. 3], S. 14-15 (auf Griechisch).
[48] Vgl. *Kyratsos*, a.a.O. [Fn. 3], S. 15 (auf Griechisch).
[49] Vgl. ibid.
[50] Vgl. ibid.
[51] Vgl. ibid.
[52] Vgl. ibid.
[53] Vgl. ibid.

denn nahe dem Prespa-See, im Dorfe Agios Germanos (ehem. Präfektur von Florina) findet sich ein Grab und eine byzantinische Kirche zu Ehren des Heiligen Germanos.[54] Gemäß der örtlichen Tradition bezog sich dies auf den Heiligen Germanos, den Patriarchen von Konstantinopel (715-730), von welchem man annahm, dass dieser ebendort (im Exil) verstorben ist.[55] Dies ist jedoch unmöglich, da die Gebeine dieses Heiligen Germanos in Konstantinopel, im entsprechenden Grabe des Heiligen Klosters von Chora befindlich sind.[56] Es wurde daher schon seit längerem gemutmaßt, dass nahe Florina die Gebeine des Heiligen Germanos, des Ktetors des Heiligen Klosters der Panagia Eikosifoinissa, befindlich sind – und dass diese seinerzeit vom bulgarischen Zaren *Samuel* (980-1014) gestohlen und nach Prespa gebracht worden waren – genau wie derselbe Zar mit den Gebeinen des Heiligen Achilleios von Larissa verfahren war.[57]

Im Juni 2002 gelang es einer Gruppe namhafter Forscher um den emeritierten Professor *N. K. Moutsopoulos*, auf Basis einer sehr detaillierten wissenschaftlichen Arbeit eine Ausgrabung des bezeichneten Grabes in der mittelbyzantinischen Kirche nahe Florina vorzunehmen.[58] Hierbei ging man ferner davon aus, dass diese Kirche früher die zentrale Kirche eines Heiligen Klosters im bereits bezeichneten Dorfe Agios Germanos gewesen ist.[59] Die in jenem Grab aufgefundenen heiligen Gebeine sind, gemäß der Einschätzung der angeführten Wissenschaftler, diejenigen des Heiligen Germanos, des Ktetors des Heiligen Klosters der Panagia Eikosifoinissa.[60] Dieser Einschätzung nach ist die Wirkungszeit des Heiligen nicht um 500 n. Chr., sondern in dem 9. Jahrhundert n. Chr. gewesen.[61]

Ein weiterer namhafter Forscher, Professor *Vassileios Katsaros,* schätzte seinerseits ein, dass der Heilige Germanos, zusätzlich zu seinem Wirken im Heiligen Kloster, auch von zentraler Bedeutung dafür war, das Christentum noch weiter zu verbreiten (etwa auch nach dem heutigen Bulgarien).[62] Diesem Forscher gemäß ist es nicht auszuschließen, dass Byzanz selbst den Heiligen Germanos als Person der Kirche und des Mönchtumes dafür besonders befähigt

---

[54] Vgl. ibid.
[55] Vgl. ibid.
[56] Vgl. ibid.
[57] Vgl. ibid.
[58] Vgl. *Kyratsos*, a.a.O. [Fn. 3], S. 16 (auf Griechisch).
[59] Vgl. ibid.
[60] Vgl. ibid.
[61] Vgl. ibid.
[62] Vgl. ibid.

angesehen habe, ein offizielles Programm der Außenpolitik des Byzantinischen Reiches umzusetzen.[63]

---

[63] Vgl. ibid.

C. Das Wirken des Heiligen Dionysios[64]

I. Prämisse

Nach dem Wirken des Heiligen Germanos verblieb die Geschichte des Heiligen Klosters der Panagia Eikosifoinissa jahrhundertelang im Unbekannten.[65] Archäologische Indizien sprechen dafür, dass die zentrale Kirche („Katholikon ton Eisodion tis Theotokou") im 11. Jahrhundert n. Chr. neu erbaut und in der Folge mit reichhaltigen Wandbemalungen ausgeschmückt wurde.[66] Zu jener Zeit begab es sich auch, dass das Heilige Kloster unter den direkten Einfluss des Ökumenischen Patriarchates von Konstantinopel kam („Σταυροπηγιακή").[67] Erwähnung findet das Heilige Kloster in einem Schreiben des athonitischen Heiligen Klosters Chiliandariou vom Februar 1320 sowie in einem weiteren Schreiben (Mai 1395) vom ökumenischen Patriarchen *Antonios* von Konstantinopel an den damaligen Abt des „respektierten und göttlichen Klosters der namentlich geehrten Mutter Gottes (…)".[68]

Neuen Glanz erlangte des Heilige Kloster ab dem Jahre 1472, als sich der ökumenische Patriarch von Konstantinopel, der Heilige Dionysios (als Patriarch:

---

[64] Vgl. im Folgenden *Gritsopoulos, Tasos Ath.*, Studie über das Leben und Akoluthie des ökumenischen Patriarchen Dionysios I. von Philippopel, des aus Dimitsana Stammenden (1466-1472, 1488-1490). Mit einem Beitrag zur kirchlichen Geschichte von Philippopel im 17. Jahrhundert (Μελέτη περί του βίου και ακολουθία του από Φιλιππουπόλεως Οικουμ. Πατριάρχου Διονυσίου Α΄ του εκ Δημητσάνης (1466-1472, 1488-1490). Μετά συμβολής εις την εκκλησιαστικήν ιστορίαν Φιλιππουπόλεως κατά τον ΙΖ΄ αιώνα), Athen 1955 (Archiv des thrakischen völkischen und sprachlichen Schatzes, Bd. 11-20. Gesellschaft Thrakischer Studien, Nr. 421, Preis der Akademie von Athen 1954; Αρχείον Θρακικού λαογραφικού και γλωσσικού θησαυρού, Τομ. ΙΘ΄-Κ΄. Εταιρεία Θρακικών Μελετών, αριθ. 421, Βραβείον Ακαδημίας Αθηνών 1954) (auf Griechisch; *passim*); vgl. ebenso *Moschopoulos*, a.a.O. [Fn. 2], prinzipiell S. 1 ff. (auf Griechisch); ebenso *Tsiakas*, a.a.O. [Fn. 2], prinzipiell S. 1 ff. (auf Griechisch); *Panagopoulos*, a.a.O. [Fn. 2], prinzipiell S. 1 ff. (auf Griechisch); *Provatakis*, a.a.O. [Fn. 2], bereits S. 1 ff. (auf Griechisch); ferner ebenso *(ohne Autorenangabe)* Das Heilige Kloster der Panagia Eikosifoinissa (Ιερά Μονή Παναγίας Εικοσιφοίνισσας), a.a.O. [Fn. 2] (auf Griechisch); *(ohne Autorenangabe)* Das Heilige Kloster der Panagia Eikosifoinissa (Pangaion) (Ιερά Μονή Παναγίας Εικοσιφοινίσσης (Παγγαίου)), a.a.O. [Fn. 2] (auf Griechisch); *(ohne Autorenangabe)* Makedonische Kirchentradition: Das Heilige Kloster der Panagia Eikosifoinissa des Pangaion (Μακεδονική Εκκλησιαστική παράδοση: Η Ιερά Μονή Παναγίας Εικοσιφοινίσσης Παγγαίου), a.a.O. [Fn. 2] (auf Griechisch); *Kontos*, a.a.O. [Fn. 2] (auf Griechisch); *Rizopoulos*, a.a.O. [Fn. 26] (auf Griechisch).
[65] Vgl. *Kyratsos*, a.a.O. [Fn. 3], S. 19 (auf Griechisch).
[66] Vgl. *Kyratsos*, a.a.O. [Fn. 3], S. 19-20 (auf Griechisch).
[67] Vgl. *Kyratsos*, a.a.O. [Fn. 3], S. 20 (auf Griechisch).
[68] Vgl. ibid.

Dionysios I.), von seinem Throne zurücktretend, dorthin zurückzog.[69] Dieser gilt als zweiter Ktetor des Heiligen Klosters.[70]

II. Werdegang und Bezugnahme zum Heiligen Kloster der Panagia Eikosifoinissa

Gebürtig aus Dimitsana auf der Halbinsel Peloponnes, kam Dionysios bereits als kleiner Junge nach Konstantinopel, erhielt Zutritt zum Kloster der Manganen und wurde Schüler des Heiligen Markos Evgenikos, des späteren Metropoliten von Ephesos und Verteidigers der Orthodoxie.[71] Letzterer war der geistige Vater des jungen Dionysios und weihte ihn später zum Diakon und zum Priester.[72] Nach dem Tode seines Lehrers im Jahre 1444 kam Dionysios erneut nach Konstantinopel, um nach deren Fall (1453) verhaftet und nach Adrianopel verschleppt zu werden, wo er von einem christlichen Edelmann namens *Kyritzis* freigekauft wurde.[73] Dieser schicksalhafte Aufenthalt sollte im weiteren Verlaufe seines Lebens, wie geschildert werden wird, noch eine Rolle spielen.

In der weiteren Folge wurde Dionysios von *Gennadios Scholarios*, dem ersten ökumenischen Patriarchen nach dem Falle Konstantinopels, zum Metropoliten von Philippopel (1454-1456) ernannt, woran sich eine Reihe weiterer geistlicher Tätigkeiten des Dionysios' anschlossen, welche schließlich darin gipfelten, dass er im Januar des Jahres 1467 selbst zum ökumenischen Patriarchen gewählt wurde.[74]

Infolge einer Intrige (es wurde ihm vorgeworfen, dass er während seiner Gefangenschaft in Adrianopel beschnitten worden sei) sah er sich jedoch gezwungen, im Jahre 1472 eine erweiterte Synode einzuberufen, seine Unschuld zu beweisen und – trotz der verzweifelten Bitten seiner Plethora von Anhängern – seinen Rücktritt vom Amte des ökumenischen Patriarchen zu erklären.[75]

---

[69] Vgl. ibid.; vgl. ebenso *(ohne Autorenangabe)* 'Dionysios I.' (Διονύσιος Α'), eingesehen auf dem Internetauftritt des Ökumenischen Patriarchates von Konstantinopel unter https://www.ec-patr.org/list/index.php?lang=gr&id=167 (m.w.N.; auf Griechisch; Abruf am 28. Januar 2017).
[70] Vgl. ibid.
[71] Vgl. ibid.
[72] Vgl. ibid.
[73] Vgl. ibid.
[74] Vgl. ibid.
[75] Vgl. ibid.

Daraufhin zog er sich, wie angeführt, in das Heilige Kloster der Panagia Eikosifoinissa zurück.[76] Offenbar hatte er bereits vor seinem Patriarchat von der Signifikanz dieses Klosters erfahren und suchte nunmehr auch persönlich, dort seinen Aufenthalt zu nehmen.

Das Heilige Kloster der Panagia Eikosifoinissa sollte daraufhin eine veritable Blütezeit erfahren. Wie aus zeitgenössischen Berichten hervorgeht, ließ der Heilige Dionysios die zentrale Kirche innen und außen verschönern, sowie weitere Gebäude auf dem Klosterkomplex errichten – und daneben war er seinen Mönchen ein glänzendes Vorbild.[77] Ein Vorbild war der Heilige Dionysios auch für die christliche Gemahlin des damaligen osmanischen Sultans, *Kyra-Maro*, welche Stiefmutter *Mehmeds II. des Eroberers* (Reg. 1451-1481) war, dem Heiligen Kloster der Panagia Eikosifoinissa eine sukzessive Reihe von Geldzuwendungen zukommen ließ und schließlich im Jahre 1487 auch dort begraben wurde.[78] Der Heilige Dionysios sollte *Kyra-Maro* ein hoher seelischer Beistand sein, da ihre Position am Hofe nicht immer angenehm war.

Als weitere Dokumentation der damaligen Blütezeit ist zu erwähnen, dass verschiedene Sigillien durch ökumenische Patriarchen zugunsten des Heiligen Klosters erlassen wurden, so etwa durch den ökumenischen Patriarchen *Symeon dem Trapezunter* (1474) und *Maximos* (1477).[79] Insbes. der Zweitgenannte bestimmte, dass die Äbte des Heiligen Klosters fürderhin den Titel eines „Ersten Synkellos" und eines „Archimandriten" führen sollten.[80] Solcherart wurde das Wirken des Heiligen Klosters auf der höchsten Ebene gewürdigt.

Im Jahre 1489 wurde der Heilige Dionysios erneut zum ökumenischen Patriarchen von Konstantinopel gewählt – er musste jedoch mit Gewalt nach Konstantinopel gebracht werden, da er das Heilige Kloster der Panagia Eikosifoinissa nur sehr ungern verlassen mochte.[81] Dermaßen war dem Geistlichen das Kloster wie auch die Mönche ans Herz gewachsen, dass er diese um nichts missen wollte.

Anlässlich seines zweiten ökumenischen Patriarchates wird eine weitere Blütezeit wie auch Zeit relativer Ruhe und Harmonie überliefert.[82] Wie namentlich der bedeutende Literat des 16. Jahrhunderts, *Malaxos*, berichtet, „bestand großer Friede und Eintracht in der großen Kirche des Christus, und

---

[76] Vgl. ibid.
[77] Vgl. *Kyratsos*, a.a.O. [Fn. 3], S. 20-21 (auf Griechisch).
[78] Vgl. *Kyratsos*, a.a.O. [Fn. 3], S. 21 (auf Griechisch); vgl. ebenso 'Dionysios I.', a.a.O. [Fn. 69] (auf Griechisch).
[79] Vgl. *Kyratsos*, a.a.O. [Fn. 3], S. 21 (auf Griechisch).
[80] Vgl. ibid.
[81] Vgl. ibid.; vgl. ebenso 'Dionysios I.', a.a.O. [Fn. 69] (auf Griechisch).
[82] Vgl. ibid.

dieser Patriarch war perfekt in seinem mönchischen Dasein, durch sein oftmaliges Fasten, seine nächtelangen Gebete und, falls er zu Terminen erscheinen musste, so ging er stets zu Fuß (obwohl er bereits sehr fortgeschrittenen Alters war)".[83] Solcher Friede war in Konstantinopel über die vorangehenden Jahre leider nicht immer gegeben (ein Indikator hierfür ist die seinerzeitige, relativ rasche Abfolge von Patriarchen), was die Lebensleistung dieses Mannes besonders zu emphatisieren vermag.

Der Heilige Dionysios verblieb gute zwei Jahre auf dem ökumenischen Patriarchenthrone und trat 1491 – diesmal aus Altersgründen – erneut zurück, um wieder in sein geliebtes Heiliges Kloster der Panagia Eikosifoinissa zurückzukehren. Wiederum hatte man versucht, ihn zum Bleiben zu bewegen – er zog allerdings die Ruhe dieses Klosters der Großstadt und dem Amte des ökumenischen Patriarchen vor. In diesem Kloster sollte er im Jahre 1492 auch friedlich entschlafen und begraben werden;[84] er wurde als Heiliger anerkannt, und sein Namenstag wird am 23. November gefeiert – charakteristischerweise am Folgetag des Namenstages des Heiligen Germanos.[85] Dem Heiligen Dionysios zu Ehren wurde von seinem Zeitgenossen, dem ‚Großen Rhetor der Großen Kirche' *Manouil dem Korinther* sowie vom ‚Ersten Synkellos' aus Xanthi, *Chryssanthos*, jeweils ein sehr schöner Kanon geschrieben.[86]

III. Das Erbe des Heiligen Dionysios

Die geschilderte, große Blütezeit des Heiligen Klosters der Panagia Eikosifoinissa zu den Zeiten des Heiligen Dionysios lassen sich nicht zuletzt auch durch den Umstand dokumentieren, dass – gemäß den Angaben einer Niederschrift des 16. Jahrhunderts (‚βρεβείον/Vreveion') – im Jahre 1507 im Heiligen Kloster 24 Mönche höheren Grades, 3 Diakone und 145 Mönche lebten und wirkten.[87] Vergleichsweise zu anderen Klöstern war diese Anzahl sehr signifikant. Diese Personen wirkten hauptsächlich in Ostmakedonien und Thrakien und trugen dafür Sorge, dass den Christen vor Ort seelischer Beistand

---

[83] Vgl. *Kyratsos*, a.a.O. [Fn. 3], S. 21 (auf Griechisch).
[84] Vgl. ibid.; vgl. ebenso ‘Dionysios I.', a.a.O. [Fn. 69] (auf Griechisch).
[85] Vgl. ibid.
[86] Vgl. ‘Dionysios I.', a.a.O. [Fn. 69] (auf Griechisch).
[87] Vgl. *Kyratsos*, a.a.O. [Fn. 3], S. 21-22 (auf Griechisch).

in schwierigsten Zeiten zukomme.[88] Solcherart zogen sie allerdings recht rasch den Zorn des osmanischen Sultans auf sich – nach der Zerstörung des Klosters des Heiligen Georg nahe des Ortes Vranokastro (dem heutigen Palaiochorion Pangaiou),[89] welche infamerweise am Namenstag dieses Heiligen im Jahre 1507 geschah, zogen osmanische Truppen am 25. August 1507 gen dem Heiligen Kloster der Panagia Eikosifoinissa und töteten die angeführten 172 Geistlichen.[90] Dieses hohe Opfer, welches diese 172 Märtyrer der Panagia Eikosifoinissa auf sich nahmen, bildet gleichsam einen sehr historischen Punkt in der Entwicklung des Heiligen Klosters: Die Geistlichen starben um ihres Glaubens willen, und um der Seelsorge der umliegenden orthodoxen Gläubigen.[91]

---

[88] Vgl. *Kyratsos*, a.a.O. [Fn. 3], S. 22 (auf Griechisch).
[89] Vgl. ibid.
[90] Vgl. ibid.
[91] Vgl. ibid.

D. Das Heilige Kloster nach 1507[92]

I. 1507-1800

Nach diesem tragischen Geschehnis gelang es dem ökumenischen Patriarchat, im Jahre 1510 durch den ökumenischen Patriarchen *Pachomios I.*[93] (anderen Quellen gemäß geschah dies 1520 durch den ökumenischen Patriarchen *Theoliptos I.*[94]) beim osmanischen Sultan eine Sondererlaubnis zu erwirken, das Heilige Kloster der Panagia Eikosifoinissa personell und strukturell wieder aufbauen zu können.[95] Zu diesem Zwecke wurden recht schnell zehn Mönche aus dem athonitischen Heiligen Kloster von Vatopedi dorthin entsendet, welche über zehn Jahre dort wirken sollten und aus den umliegenden Ortschaften sukzessive 50 neue Mönche und Diakone heranzuziehen vermochten.[96] Diesen überließen die zehn Mönche aus Vatopedi letztlich auch die Verwaltung des Heiligen Klosters, als sie sich nach zehn Jahren wieder nach Vatopedi zurückzogen.[97]

Solcherart gelang es vergleichsweise schnell, dem Heiligen Kloster der Panagia Eikosifoinissa seine Signifikanz zurückzugeben, was sich nicht zuletzt auch im ständigen Interesse des jeweiligen ökumenischen Patriarchen von Konstantinopel widerspiegelte.[98] 15 patriarchische Sigillien mit Bezug zu diesem Kloster wurden zwischen 1474 und 1857 herausgegeben.[99] Dies geschah

---

[92] Vgl. im Folgenden *Moschopoulos*, a.a.O. [Fn. 2], prinzipiell S. 1 ff. (auf Griechisch); ebenso *Tsiakas*, a.a.O. [Fn. 2], prinzipiell S. 1 ff. (auf Griechisch); *Panagopoulos*, a.a.O. [Fn. 2], prinzipiell S. 1 ff. (auf Griechisch); *Provatakis*, a.a.O. [Fn. 2], bereits S. 1 ff. (auf Griechisch); ebenso *(ohne Autorenangabe)* Das Heilige Kloster der Panagia Eikosifoinissa (Ιερά Μονή Παναγίας Εικοσιφοίνισσας), a.a.O. [Fn. 2] (auf Griechisch); *(ohne Autorenangabe)* Das Heilige Kloster der Panagia Eikosifoinissa (Pangaion) (Ιερά Μονή Παναγίας Εικοσιφοινίσσης (Παγγαίου)), a.a.O. [Fn. 2] (auf Griechisch); *Kontos*, a.a.O. [Fn. 2] (auf Griechisch). Vgl. ferner *(ohne Autorenangabe)* Makedonische Kirchentradition: Das Heilige Kloster der Panagia Eikosifoinissa des Pangaion (Μακεδονική Εκκλησιαστική παράδοση: Η Ιερά Μονή Παναγίας Εικοσιφοινίσσης Παγγαίου), a.a.O. [Fn. 2] (auf Griechisch); *Rizopoulos*, a.a.O. [Fn. 26] (auf Griechisch).
[93] Vgl. *(ohne Autorenangabe)* ,Pachomios I.' (Παχώμιος Α'), eingesehen auf dem Internetauftritt des Ökumenischen Patriarchates von Konstantinopel (ec-patr.org) unter https://www.ec-patr.org/list/index.php?lang=gr&id=178 (auf Griechisch; Abruf am 30. Januar 2017).
[94] Vgl. *(ohne Autorenangabe)* ,Theoliptos I. ' (Θεόληπτος Α'), eingesehen auf dem Internetauftritt des Ökumenischen Patriarchates von Konstantinopel (ec-patr.org) unter https://www.ec-patr.org/list/index.php?lang=gr&id=181 (auf Griechisch; Abruf am 30. Januar 2017).
[95] Vgl. *Kyratsos*, a.a.O. [Fn. 3], S. 22 (auf Griechisch).
[96] Vgl. ibid.
[97] Vgl. ibid.
[98] Vgl. ibid.
[99] Vgl. *Kyratsos*, a.a.O. [Fn. 3], S. 22-23 (auf Griechisch).

etwa 1544 durch den Patriarchen *Jeremias I.*, 1567 und 1570 durch den Patriarchen *Mitrophanis III.* sowie 1573 durch den Patriarchen *Jeremias II.*[100] Letztgenannter Patriarch hatte sich daneben als einer der ersten freilich auch für einen Dialog mit den Lutheranern ausgesprochen.[101]

Charakteristisch für dieses Interesse ist freilich bereits der Umstand, dass die beiden letztgenannten Patriarchen das Heilige Kloster persönlich besuchten, so dass die angeführten Sigillien der Jahre 1570 und 1573 an Ort und Stelle herausgegeben wurden.[102] 1610 besuchte der Exarch des ökumenischen Patriarchates, der Metropolit *Matthaios* von Myra, das Heilige Kloster, und war dermaßen angetan, dass er einen wunderbaren Kanon zu Ehren der Mutter Gottes fertigte.[103]

Doch auch das Feld der internationalen Politik zu jener Zeit sollte von Würdenträgern des Heiligen Klosters der Panagia Eikosifoinissa tangiert werden. 1632 versuchte der damalige Abt des Heiligen Klosters, *Theoklitos der Zyprer*, anlässlich eines Besuches in Paris den damaligen Herzog von Savoyen *Vittorio Amedeo I.* dazu zu bewegen, Zypern von den Osmanen zu befreien.[104] Ferner suchte im Jahre 1798, nach seinem ersten ökumenischen Patriarchat, der im Exil befindliche Heilige Gregorios V. (nachmals wiederum ökumenischer Patriarch und nationaler Märtyrer) das Heilige Kloster auf und verblieb dort für neun Monate.[105] Vor seiner Abreise überließ er aus Dankbarkeit dem Heiligen Kloster seine edlen Kerzenständer.[106]

---

[100] Vgl. *Kyratsos*, a.a.O. [Fn. 3], S. 23 (auf Griechisch).
[101] Vgl. *(ohne Autorenangabe)* ‚Jeremias I.‘ (Ιερεμίας Α‘), eingesehen auf dem Internetauftritt des Ökumenischen Patriarchates von Konstantinopel (ec-patr.org) unter https://www.ec-patr.org/list/index.php?lang=gr&id=187 (auf Griechisch; Abruf am 30. Januar 2017).
[102] Vgl. *Kyratsos*, a.a.O. [Fn. 3], S. 23 (auf Griechisch).
[103] Vgl. ibid.
[104] Vgl. *Kyratsos*, a.a.O. [Fn. 3], S. 23 (auf Griechisch).
[105] Vgl. ibid.
[106] Vgl. ibid.

II. 1800-1917

Zu jener Zeit war das Heilige Kloster der Panagia Eikosifoinissa wieder zu einem geistigen, aber auch nationalen Zentrum für das östliche Makedonien und Thrakien avanciert.[107] Insbes. während der Amtszeiten seiner namhaften Äbte *Chryssanthos* (1782-1805), *Nektarios* (1806), *Konstantios* (1806-1816), *Chatziananias* (1816) und *Kyrillos* (1821-1822) wurde nämlich wesentlich dort der nationale Aufstand der Hellenen gegen die Osmanen in jenen Gebieten vorbereitet.[108] Dies sorgte für eine freudige Rezeption des Umstandes, dass auf der Peloponnes am 25. März 1821 die hellenische Revolution gegen die Osmanen zentral durch den Metropoliten von Alt-Patras, *Germanos III.*, ausgerufen wurde. Auch diente das Heilige Kloster der Panagia Eikosifoinissa als besonderer Hauptstützpunkt des Freiheitskämpfers *Nikolaos Tsaras* und seiner Gefährten.[109]

Ein weiterer sehr namhafter Freiheitskämpfer der damaligen Periode, *Emmanouil Pappas*, schwörte hier seine Gefährten aus Serres ein und erklärte die Revolution gegenüber dem osmanischen Joch.[110] In Makedonien sollte diese Revolution (ungleich der Peloponnes und Teilen von Zentralgriechenland) aber leider zunächst noch scheitern, da dieser Landesteil erst im Zuge der Balkankriege 1912/13 dem griechischen Mutterlande zukommen sollte.

Durch die große geistige Ausstrahlung des Heiligen Klosters vermochte dieses, die Bildung der verschiedenen Bevölkerungsschichten der umliegenden Gebiete zu verbessern – dies geschah insbes. durch die namhafte ‚Hellenische Schule‘, welche auf dem Gelände des Heiligen Klosters errichtet wurde.[111] Diese Schule war u.a. der Ort, an welchem der nachmalige ökumenische Patriarch *Neophytos VIII.* (gebürtig aus dem nahegelegenen Orte Rodolivos) erste Kenntnisse im Lesen und Schreiben erhielt.[112] 1843 wurde diese Schule auf Beschluss des ökumenischen Patriarches *Germanos IV.* geschlossen, die damaligen Schüler an die zentrale Schule von Alistrati verwiesen (welche seit 1847 durch das Heilige Kloster der Panagia Eikosifoinissa finanziell unterstützt

---

[107] Vgl. ibid.
[108] Vgl. ibid.
[109] Vgl. ibid.
[110] Vgl. ibid.
[111] Vgl. ibid.
[112] Vgl. ibid.

wurde).[113] Auf dem Gelände des Heiligen Klosters selbst gab es seit 1844 wieder eine Schule, diesmal konkret für die zukünftigen Mönche.[114]

---

[113] Vgl. *Kyratsos*, a.a.O. [Fn. 3], S. 23-24 (auf Griechisch).
[114] Vgl. *Kyratsos*, a.a.O. [Fn. 3], S. 24 (auf Griechisch).

III. Würdigung

Von großer Signifikanz war seinerzeit die Bibliothek des Heiligen Klosters – vor ihrer Plünderung durch die Bulgaren im Jahre 1917 umfasste sie 1.300 Bände, wovon 430 handschriftliche Kodizes auf Membranfolie und Papier waren.[115] Einige Manuskripte waren von hohem archäologischen Wert, wie auch in den beiden Bibliotheksdokumentationen deutlich wurde, welche 1886 von *Athanassios Papadopoulos-Kerameus* und 1902 vom damaligen Diakon des Heiligen Klosters der Panagia Eikosifoinissa, *Chryssostomos Chatzistavrou* (1962-1967 als *Chryssostomos* Erzbischof Athens und Gesamtgriechenlands) gefertigt wurden.[116]

Während dieser Blütejahrhunderte des Heiligen Klosters wurden wiederum bestehende Gebäude renoviert sowie neuere Gebäude geschaffen.[117] Gemäß bestehender Epigraphe wurde im Jahre 1555 die Nebenkirche des Heiligen Nikolaos renoviert, 1570 die Ikonenwand des ‚Στασίδιον της Παναγίας‘[118] gefertigt, 1622 die Nebenkirche der Heiligen Barbara nahe der Weihwasserquelle renoviert sowie 1628 das Haupttor des Heiligen Klosters erneuert.[119] Im Jahre 1770 ließ der fleißige Abt *Sofronios* den Nordteil des Heiligen Klosters errichten.[120] 1803 wurde der Marmorbrunnen nahe der zentralen Kirche (‚Katholikon‘) vollendet, und zwischen 1771 und 1802 wurde die wunderschön vergoldete und holzgeschnitzte Ikonenwand der zentralen Kirche des Heiligen Klosters von Arbeitern aus Chios gefertigt.[121] Im Jahre 1818 wurden ferner das Gästehaus sowie die Kirche ‚Zoodochou Pigis‘ vollendet.[122]

Das wichtigste Bauwerk der jüngeren Periode war jedoch sicherlich die weiträumige Neuschaffung der sehr alten (auf das 11. Jahrhundert n. Chr. zurückgehenden) zentralen Kirche ‚Eisodion tis Theotokou‘.[123] Bei dem

---

[115] Vgl. ibid.
[116] Vgl. ibid. In jüngerer Zeit ist die Analyse von *Atsalos, Vassilis,* Die Manuskripte des Heiligen Klosters der Kosinitsa (oder Eikosifoinissa) des Pangaion (Τα χειρόγραφα της Ιεράς Μονής της Κοσίνιτσας (ή Εικοσιφοίνισσας) του Παγγαίου) [Stadtgemeinde Drama, Historisches Archiv, Nr. 1 (Δήμος Δράμας, Ιστορικό Αρχείο, αριθ. 1)], Drama 1990 (auf Griechisch; *passim*) ein sehr plastischer Versuch, den Inhalt dieser Manuskripte zu rekonstruieren und zu ordnen.
[117] Vgl. *Kyratsos,* a.a.O. [Fn. 3], S. 24 (auf Griechisch).
[118] Siehe oben, A.II.
[119] Vgl. *Kyratsos,* a.a.O. [Fn. 3], S. 24 (auf Griechisch).
[120] Vgl. ibid.
[121] Vgl. ibid.
[122] Vgl. ibid.
[123] Vgl. ibid.

verheerenden Erdbeben vom 5. Mai 1829, welches die Stadt Drama weiträumig zerstörte und bis nach Thessaloniki, Konstantinopel und Bukarest hin zu spüren war, erlitt die alte Kirche schwere Schäden.[124] Somit wurde beschlossen, die alte Kirche – außer dem Abschnitt vom Sanktuarium bis zur Ikonenwand – abzureißen und neu zu erbauen.[125] Im Jahre 1842 waren all diese Arbeiten dann abgeschlossen, und die zentrale Kirche des Heiligen Klosters besteht in dieser Form bis zum heutigen Tage.[126] Gemäß einem Epigraph an der äußeren Wand der Kirche, oberhalb des Sanktuariums,

„Ἐν ἔτει χιλιοστῷ ὀκτακοσιοστῷ τεσσαρακοστῷ δευτέρῳ ἐκτίσθη ἐκ θεμελίων ἡ ἁγία ἐκκλησία αὕτη δι᾿ ἐξόδων τῶν φιλελεήμων Χριστιανῶν".

(„Diese heilige Kirche wurde durch Ausgaben der gläubigen Christen im eintausendachthundertzweiundvierzigsten Jahre von dem Grundstein auf erbaut".)[127]

Bereits im Jahre 1838 wurde der Glockenturm vollendet, was durch ein weiteres Epigraph belegt ist.[128]

In der zweiten Hälfte des 19. Jahrhunderts hatte das Heilige Kloster mit ernsten Schwierigkeiten zu kämpfen: im Jahre 1854 zerstörte ein Großbrand die westliche und Teile der nördlichen Seite des Heiligen Klosters, und im Jahre 1864 dezimierte eine Cholera-Epidemie die Mönche.[129] Andererseits stieg der Schuldenberg des Klosters gewaltig an, welcher erst durch die großzügige Haltung des ehemaligen Schülers im Heiligen Kloster und nachmaligen ökumenischen Patriarchen *Neophytos VIII.* (1891-1894) überwunden werden konnte.[130] Auch der stolze Metropolit *Chryssostomos* von Drama (1902-1910, nachmaliger nationaler Märtyrer als Metropolit von Smyrna 1922) war äußerst wichtig für die Konsolidierung des Heiligen Klosters.[131]

---

[124] Vgl. ibid.
[125] Vgl. ibid.
[126] Vgl. ibid.
[127] Vgl. *Kyratsos*, a.a.O. [Fn. 3], S. 24-25 (auf Griechisch).
[128] Vgl. *Kyratsos*, a.a.O. [Fn. 3], S. 25 (auf Griechisch).
[129] Vgl. ibid.
[130] Vgl. ibid.
[131] Vgl. ibid.

Zur letztgenannten Zeit waren nicht mehr nur die Osmanen eine Gefahr für die Funktion des Heiligen Klosters – die bulgarische Gefahr war nunmehr ungleich größer, da verschiedene ‚Komitate' die umliegenden Gegenden durchforsteten und plünderten.[132] Folgerichtig war zu erwarten, dass das Heilige Kloster der Panagia Eikosifoinissa langfristig ebenfalls ein Angriffsziel der Bulgaren sein würde.[133] Dies geschah schließlich zu Zeiten des Metropoliten *Agathaggelos Magnis* von Drama (1910-1922) – dieser Kirchenfürst, welcher bereits 1915 seiner tiefen Liebe zum Heiligen Kloster der Panagia Eikosifoinissa Ausdruck gab, indem er ihre Historie niederschrieb, sollte miterleben, wie das Heilige Kloster unter der bulgarischen Besetzung 1917 personell und materiell sehr schwer zu leiden hatte.[134]

Vor der Schilderung der entsprechenden Geschehnisse ist es allerdings sachdienlich, den politischen und historischen Hintergrund Griechenlands zu jener Zeit näher darzustellen.

---

[132] Vgl. ibid.
[133] Vgl. ibid.
[134] Vgl. ibid.

ad D. Exkurs: Historischer und rechtspolitischer Hintergrund in Griechenland im Vorfeld der Geschehnisse von 1917[135]

I. Prämisse

Die staatspolitische Entwicklung innerhalb des Königreiches der Hellenen war zwischen 1913 und 1924 keine stringente; die Präferenz des Königs *Konstantinos I.* für eine Neutralität des Landes im Ersten Weltkrieg sorgte mit für die effektive Teilung der Hellenen in zwei Lager. Erst unter König *Alexandros* trat das Land auf Seiten der Entente-Mächte in den Weltkrieg ein; nach seinem Tode kehrte *Konstantinos I.* noch einmal aus dem Exil zurück, um infolge des angesprochenen griechisch-türkischen Krieges das (bereits unsichere) Zepter für eine sehr kurze Zeit an seinen erstgeborenen Sohn *Georgios II.* zu übergeben.

Als im März 1913 *König Georgios I.* in Thessaloniki einem Attentäter zum Opfer fiel, rankten sich eine Reihe von Verschwörungstheorien um Ort, Zeitpunkt und den überhaupten Grund dieser Tat. Weithin genoss das Opfer große Popularität, die wesentlich seiner Zurückhaltung in tagespolitischen Dingen geschuldet war. Auch in den Folgejahrzehnten hielt sich hartnäckig die These,[136] der Monarch sei zum gegebenen Zeitpunkt einem Spion des deutschen Reiches zum Opfer gefallen, welcher liebend gern den Kronprinzen und Herzog von Sparta auf dem hellenischen Thron gesehen hätte, als den eher England zugeneigten[137] *Georgios*. In der Präparationsphase vor dem Ersten Weltkrieg hätte dies nicht wirklich gewundert, zumal das Deutsche Reich genauso wie Briten, Franzosen und Russen sukzessive ihre Verbündeten ausloteten.

---

[135] Siehe im Folgenden *Parashu, Dimitrios,* Die Weimarer Reichsverfassung und die Verfassung der II. Hellenischen Republik - Bioi Paralleloi? Berlin 2012, S. 4-6; *denselben,* Gedanken zu möglichen Elementen staatspolitischer Konkordanz für die aktuelle Verfassung der Hellenischen Republik, Berlin 2016, S. 4-6.

[136] Vgl. zu dieser These etwa Pavlos Petridis (Hg.), Historisch-Politische Dokumente. Band 2 (Ιστορικο-Πολιτικά Ντοκουμέντα. Τόμος Β'): *Melas, Georgios M.,* Konstantin. Erinnerungen seines ehemaligen Sekretärs (Ο Κωνσταντίνος. Αναμνήσεις του πρώην γραμματέως του), Thessaloniki 2000, S. 49-50 (auf Griechisch).

[137] Dies wohl nicht zuletzt aufgrund der Tatsache, dass seine Schwester *Alexandra* mit König *Edward VII.* verheiratet war.

Kronprinz *Konstantinos*, zum Zeitpunkt des Todes seines Vaters knapp 45 Jahre alt, genoss in der zweiten Hälfte der 1880er Jahre eine ausgiebige Militärausbildung in Berlin und heiratete 1889 eine jüngere Schwester des Kaisers, *Sophie*. Aufgrund dieser Tatsache wurde in Athener Kreisen um die Jahrhundertwende und später immer wieder gemunkelt, der Kronprinz sei tendenziell eher dem Deutschen Reich zugetan. Dies ist freilich nur zu einem bestimmten Maße wahr: Unvergessen bleibt in diesem Zusammenhang etwa, dass *Wilhelm II.* aufgrund der Entscheidung *Sophies* verärgert war, vom protestantischen zum griechisch-orthodoxen Glauben zu konvertieren.[138]

Die ersten Regierungsjahre des neuen griechischen Monarchen waren gekennzeichnet von militärischen Erfolgen im Rahmen der Balkankriege, welche das hellenische Staatsgebiet vervielfachen und *Konstantinos I.* in den Augen seines Volkes das Charakteristikum eines besonders fähigen Militärführers verleihen sollten. Im Zuge des immer stärker werdenden Soges jedoch, welcher durch die Vorboten des Ersten Weltkriegs entstand und naturgemäß auch das hellenische Königreich bedrohte, vertrat der Monarch einen eher gemäßigten Standpunkt: Es schwebte ihm die Neutralität seines Staates vor.[139]

Dies brachte ihn in krassen Gegensatz zu seinem damaligen Premierminister. *Eleftherios Venizelos*, bereits seit 1910 an der Macht und durch eine gemeinhin als erfolgreich eingestufte[140] Verfassungsrevision 1911 gestärkt, sah den idealen Platz des hellenischen Königreiches im Rahmen des zu erwartenden Krieges eher an der Seite der Briten und Franzosen.

---

[138] Vgl. *Michalopoulos, Grigorios A.*, König Konstantin (Ο Βασιλεύς Κωνσταντίνος), Athen (ohne Jahresangabe), S. 297 (auf Griechisch).
[139] Vgl. hierzu etwa *Zampounis, Christos,* Die königliche Familie Griechenlands (Η Βασιλική Οικογένεια της Ελλάδος), Athen 1998, S. 27 (auf Griechisch).
[140] Vgl. implizit bereits im zeitgenössischen Werk von *Eftaxias, Athanassios,* Die Revision der Verfassung (Η αναθεώρησις του Συντάγματος), Athen 1911, S. 65 ff. (auf Griechisch).

II. Die Jahre des I. Weltkrieges

Der Krieg begann, und da Hellas auch nach Ende des ersten Kriegsjahres noch nicht in den Krieg eingetreten war, eskalierte der bezeichnete innenpolitische Konflikt. Der Monarch entließ seinen Premierminister 1915 und bestellte den Bankier *Skouloudis* zu seinem Kabinettschef. Darüber hinaus ließ er das Parlament (Vouli) auflösen und keine Neuwahlen ausschreiben; ein Faktum, welches ähnlich den Entwicklungen im Deutschen Reich bis 1917 rechtssystematische Probleme der jeweiligen Volksvertretung nur allzu deutlich machte. Der gekränkte *Venizelos* zog in die zweitgrößte Stadt des Landes, Thessaloniki, und begründete dort 1916 mit mehreren Verbündeten das ‚Kabinett der Nationalen Verteidigung' (‚Κυβέρνησις Εθνικής Αμύνης').[141]

Der Umstand, dass das hellenische Königreich nunmehr zwei Regierungen vorzuweisen hatte, wurde von den im Weltkrieg involvierten Großmächten durchaus zur Kenntnis genommen. Zunehmend wurden der Monarch und die Regierung in Athen unter Druck gesetzt, einen Eintritt des Landes in den Weltkrieg auf Seiten der Entente-Mächte zu ermöglichen. Als *ultima ratio* wurde sogar das Druckmittel des Bombardements des Hafens von Piräus durch die Franzosen eingesetzt. Dies zeigte dann Wirkung.

Schließlich nahm *Konstantinos I.* in der Tat einstweilen seinen Hut und dankte 1917 zugunsten seines zweitgeborenen Sohnes *Alexandros* ab. Dessen älterer Bruder und eigentliche Kronprinz *Georgios* war nämlich von den Ententemächten als potentiell deutschfreundlich eingestuft worden.[142] Daher wurde er bei der Nachfolge seines Vaters (zunächst noch) übergangen.

Alexandros bestellte seinerseits *Venizelos* zum Premierminister und erreichte mit diesem klugen Schachzug eine Entspannung im Inneren des Landes.[143] Gleichzeitig trat Griechenland auf Seiten der Entente in den Weltkrieg ein und erfuhr, Seite an Seite mit den letztendlich siegreichen Mächten, im Rahmen der Verträge von Neuilly-sur-Seine und Sèvres (1919/1920) bedeutenden Zuwachs

---

[141] Zur Problematik der Nationalen Teilung in Griechenland 1916-1917 siehe *Grigoriadis, Foivos N.,* Teilung - Kleinasien, 1909-1930 (Διχασμός - Μικρά Ασία, 1909-1930), Athen 1971, speziell S. 52 ff. (auf Griechisch); ebenso *Kotzias, Alexandros,* Die Nationale Teilung, Venizelos und Konstantinos (Ο Εθνικός Διχασμός, Βενιζέλος και Κωνσταντίνος), Athen 1974 (*passim*; auf Griechisch); *Parashu,* a.a.O. [Fn. 135, Die Weimarer Reichsverfassung und die Verfassung der II. Hellenischen Republik von 1927 (...)], S. 123/124.

[142] Siehe hierzu etwa *Petridis, Pavlos V.,* Die Regierung der Glücksburg in Griechenland (1863-1974) (Η Βασιλεία των Γλύξμπουργκ στην Ελλάδα (1863-1974)), Athen 1999, S. 200 (auf Griechisch).

[143] Vgl. über die näheren Umstände der Bestellung *Venizelos'* zum Premierminister sehr plastisch *Zaoussis, Alexandros L.,* Alexandros und Aspasia 1915-1920 (Αλέξανδρος και Ασπασία 1915-1920), Athen 2000, S. 90-99 (94 ff.; auf Griechisch).

seines Staatsgebiets bis nach Kleinasien hinein. Der Vertrag von Neuilly-sur-Seine soll uns im Folgenden noch kurz beschäftigen.

E. Beschädigungen des Heiligen Klosters durch die Bulgaren 1917 und 1943[144]

Als während des I. Weltkrieges das östliche Makedonien im August 1916 von den Bulgaren und ihren Verbündeten (Deutsches Kaiserreich, Osmanisches Reich) besetzt wurde, glaubten viele, dass diese Feinde dem Pangaion-Gebirge fernbleiben würden.[145] Sehr bald schon sollten jedoch türkische Banden ihr Unwesen auch in diesem Gebiete treiben und die Schafe des Heiligen Klosters stehlen.[146] Dieser Umstand lieferte dem bulgarischen Truppenführer *Panica* einen Vorwand, zehn seiner Soldaten zum vorgetäuschten Schutze des Heiligen Klosters abzustellen – realiter suchte er aber hiermit, das Heilige Kloster unter seine Kontrolle zu bringen.[147] Am 3. Oktober 1916 wurde der alte Abt des Heiligen Klosters, *Makarios*, nahe des Dorfes Dagonitsi von „Unbekannten" ermordet.[148] Gleich mehrfach sahen sich die Geistlichen des Heiligen Klosters verstärkten Gefahren durch diese Okkupation ausgesetzt.[149] Das Drama sollte jedoch in der Karwoche des Jahres 1917 seinen Höhepunkt erreichen, in der Tat einer Woche „der Leiden des Herrn und der Mönche".[150]

Am Karmontag, dem 27. März 1917, verschaffte sich der vorgenannte *Panica* gegen 14 Uhr am Nachmittag Einlass zum Heiligen Kloster, wobei er von vielen seiner Männer und dem bulgarischen Archäologen *Wladimir Sis*

---

[144] Vgl. im Folgenden *Tsiakas*, a.a.O. [Fn. 2], prinzipiell S. 1 ff. (auf Griechisch); *Panagopoulos*, a.a.O. [Fn. 2], prinzipiell S. 1 ff. (auf Griechisch); *Provatakis*, a.a.O. [Fn. 2], bereits S. 1 ff. (auf Griechisch); *(ohne Autorenangabe)* Das Heilige Kloster der Panagia Eikosifoinissa (Ιερά Μονή Παναγίας Εικοσιφοίνισσας), a.a.O. [Fn. 2] (auf Griechisch); *(ohne Autorenangabe)* Makedonische Kirchentradition: Das Heilige Kloster der Panagia Eikosifoinissa des Pangaion (Μακεδονική Εκκλησιαστική παράδοση: Η Ιερά Μονή Παναγίας Εικοσιφοίνισσης Παγγαίου), a.a.O. [Fn. 2] (auf Griechisch); *(ohne Autorenangabe)* Das Heilige Kloster der Panagia Eikosifoinissa (Pangaion) (Ιερά Μονή Παναγίας Εικοσιφοίνισσης (Παγγαίου)), a.a.O. [Fn. 2] (auf Griechisch); *Kontos*, a.a.O. [Fn. 2] (auf Griechisch); *Rizopoulos*, a.a.O. [Fn. 26] (auf Griechisch); *Chatzopoulos, G. Ch.*, Heimatrückführung der GEFANGENEN Wertgegenstände des Heil. Kl. der Eikosifoinissa aus Bulgarien (Επαναπατρισμός των ΦΥΛΑΚΙΣΜΕΝΩΝ κειμηλίων της Ι. Μ Εικοσιφοίνισσας από Βουλγαρία) vom 28. Mai 2010, eingesehen unter http://yaunatakabara.blogspot.de/2010/05/blog-post_28.html (m.w.N.; auf Griechisch; Abruf am 30. Januar 2017). Vgl. ebenso *(ohne Autorenangabe)* Heiliges Kloster der Eikosifoinissa des Pangaion. Das Wunder des legendären bulgarischen Stiefels der Eikosifoinissa (Ιερά Μονή Εικοσιφοίνισσας Παγγαίου. Το θαύμα της βουλγαρικής θρυλούμενης μπότας της Εικοσιφοίνισσης) vom 3. Juni 2013, eingesehen unter http://yaunatakabara.blogspot.de/2013/06/blog-post.html (m.w.N.; auf Griechisch; Abruf am 31. Januar 2017).

[145] Vgl. *Kyratsos*, a.a.O. [Fn. 3], S. 26 (auf Griechisch).

[146] Vgl. ibid.

[147] Vgl. ibid.

[148] Vgl. ibid.

[149] Vgl. ibid.

[150] Vgl. ibid.

begleitet wurde.[151] Die Mönche wurden in der Nähe der Öfen eingesperrt, und der Abt des Heiligen Klosters *Neophytos* wurde, gemeinsam mit zwei Mönchen seines engen Stabes, innerhalb einer Stunde gleich fünf Male verprügelt.[152] Vier ganze Stunden dauerte die Plünderung des Heiligen Klosters, und 18 Maultiere wurden, vollbeladen mit Manuskripten, Ornaten und weiteren Gegenständen von unschätzbarem Werte, von den Bulgaren abgeführt.[153] Man entfernte sogar die goldene Umrahmungshülle der Heiligen Ikone. Auch die Heilige Ikone selbst suchte man zu entwenden, der Legende nach wurde diese jedoch plötzlich dermaßen so schwer, dass die Bulgaren sie auf dem Boden zurücklassen mussten, wo sie kurze Zeit später von drei Zeitzeuginnen, *Eleni Rantzou*, *Evangelia Kallimantzari* und *Magdalini Tsakiri*, aufgefunden wurde.[154]

Am 23. Juni 1917 kehrten bulgarische Soldaten zum Heiligen Kloster der Panagia Eikosifoinissa zurück und zwangen alle Mönche, das Heilige Kloster gen Drama zu verlassen, so dass das Heilige Kloster einsam zurückgelassen wurde.[155] Unter den solcherart verschleppten Geistlichen waren, neben dem Abte *Neophytos*, der Mönch *Damaskinos* aus Nikissiani, der Mönch *Iakovos* aus Nea Zichni, der Mönch und Haushälter des Heiligen Klosters *Savvas*, der Mönch *Auxentios* aus Topoliani, ferner die Mönche *Azarias*, *Konstantinos*, *Maximos*, *Akakios* (Hüter der Sakristei), *Nikodimos* (Bibliothekar), *Dositheos* (Koch), *Vitalios*, *Gerassimos* und *Makarios* (letzterer wurde ermordet).[156]

Nach dem überwältigenden Siege der Entente-Mächte auf dem Balkan (Griechen, Serben, Briten, Franzosen) und konkreter in Nordgriechenland im September 1918 und der Vertreibung der Bulgaren und Deutschen aus den okkupierten Gebieten konnten die Mönche schließlich am 10. Oktober 1918 zum Heiligen Kloster zurückkehren, welches verwahrlost war.[157] Eine detaillierte Aufstellung aller Schäden, welche das Heilige Kloster erlitten hatte, wurde bereits am 12. Oktober 1918 vom Interimsvorsteher der Metropolie von Drama, *Gennadios* (Metropolit von Theoupolis), vorgelegt, und ferner wurde am 28. Oktober 1918 auch eine sehr ausführliche Auflistung der chronologischen

---

[151] Vgl. ibid.
[152] Vgl. ibid.
[153] Vgl. ibid.
[154] Vgl. ibid.
[155] Vgl. *Kyratsos*, a.a.O. [Fn. 3], S. 26-27 (auf Griechisch); siehe (ibid., S. 131-133; auf Griechisch) auch die einschlägige Schilderung des Zeitzeugen *Nikolaos Papamargaritis*.
[156] Vgl. *Kyratsos*, a.a.O. [Fn. 3], S. 132-133 (auf Griechisch), wiederum basierend auf der einschlägigen Schilderung des Zeitzeugen *Nikolaos Papamargaritis*.
[157] Vgl. *Kyratsos*, a.a.O. [Fn. 3], S. 27 (auf Griechisch).

Ereignisse und der gestohlenen Gegenstände durch den Abt des Heiligen Klosters *Neophytos* erstellt.[158]

Dem bereits angeführten Friedensvertrage von Neuilly-sur-Seine entsprechend (*in concreto* dessen Art. 126), besuchte der namhafte Athener Professor der Byzantinischen Archäologie *Georgios Sotiriou* 1923 die bulgarische Hauptstadt Sofia, um eine Rückgabe der gestohlenen Gegenstände zu erwirken.[159] Dies war, abgesehen von sehr wenigen Ausnahmen (lediglich 7 Gegenstände wurden zurückgegeben), erfolglos – mithin ein immenser Verlust für die Orthodoxie insgesamt und die hellenische Nation im Besonderen.[160] Lediglich fünf der handschriftlichen Kodizes kehrten insgesamt nach Griechenland zurück, deren 20 wurden mittlerweile in Bibliotheken Westeuropas und Amerikas ausfindig gemacht.[161] In jüngerer Zeit wurde lediglich einer dieser Kodizes dem Heiligen Kloster der Panagia Eikosifoinissa rückgeführt (siehe in der Folge, I).

Die Besucher des Heiligen Klosters können auf dem Marmorfußboden der zentralen Kirche des Klosters den Abdruck eines Stiefels und einer Pistole erkennen – der mündlichen Legende nach entstanden diese Abdrücke, als ein bulgarischer Soldat die Heilige Ikone der Mutter Gottes zu stehlen suchte, aber ohne menschliches Einwirken nach hinten geschleudert wurde und starb.[162]

Die Bulgaren sollten jedoch auch im II. Weltkriege Verbündete der Deutschen sein, und somit erfuhr das Heilige Kloster auch in jener Zeit Gräueltaten bulgarischer Okkupation – am 12. Juli 1943 wurden namentlich der Abt *Grigorios* und 12 Mönche in der nahegelegenen Ortschaft Nikissiani festgehalten und am selben Tage wurde der Großteil der Gebäude des Heiligen Klosters durch die Bulgaren niedergebrannt.[163] Die zentrale Kirche blieb zum Glück unbeschädigt, aber drei Nebenkirchen und das Gästehaus (seinerzeit 365 Zimmer zählend) wurden vollends zerstört.[164]

---

[158] Vgl. ibid. Diese Auflistung von 907 Gegenständen höchsten archäologischen Wertes findet sich bei *Mönch Neophytos, Abt des Heiligen Klosters der Panagia Eikosifoinissa*, Katalog der in der Sakristei des Heil. Klosters der Eikosifoinissa aufbewahrten Heiligen Ornate und Gegenstände und Heiligen Gebeine (Κατάλογος Ιερών Αμφίων και Σκευών και Αγίων Λειψάνων φυλαττομένων εν τω Σκευοφυλακίω της Ι. Μονής της Εικοσιφοινίσσης), Zeitschrift 'Γρηγόριος ο Παλαμάς/Grigorios o Palamas' Bd. 2 (1918), S. 691-698 (auf Griechisch).
[159] Vgl. *Kyratsos*, a.a.O. [Fn. 3], S. 27 (auf Griechisch).
[160] Vgl. ibid.
[161] Vgl. ibid.
[162] Vgl. ibid.
[163] Vgl. *Kyratsos*, a.a.O. [Fn. 3], S. 27-28 (auf Griechisch).
[164] Vgl. *Kyratsos*, a.a.O. [Fn. 3], S. 28 (auf Griechisch).

41

F. Der Wiederaufbau des Heiligen Klosters nach dem II. Weltkrieg[165]

I. Prämisse

Nach dem Ende des II. Weltkrieges befand sich ganz Griechenland in einer dem Heiligen Kloster der Panagia Eikosifoinissa vergleichbaren Situation – weithin lag das Land in Schutt und Asche.[166] Die Wirren eines verheerenden Bürgerkrieges sollten in großen Teilen Griechenlands geradezu nahtlos an das Unheil der deutschen (und ihrer Verbündeten) Besatzung anknüpfen.

Gleichwohl sollten erste Hoffnungsschimmer nicht auf sich warten lassen. Bereits 1946 gelang es dem damaligen Abt des Klosters der Panagia Eikosifoinissa, *Grigorios Katsivakis*, die Abtei des Klosters recht rasch erbauen zu lassen, wobei sich die Gläubigen namentlich der engeren Umgebung des Klosters sowohl durch großzügige Geldzuwendungen als auch durch einen schier unermüdlichen persönlichen Einsatz hervortaten.[167] Im selben Jahre konnte auch die Ikone der Panagia Eikosifoinissa, welche zum Schutze vor den Bulgaren einige Jahre zuvor in den nahegelegenen Ort Nikissiani verbracht worden war, an ihren Ursprungsort zurückkehren.[168] Dies geschah im Rahmen einer besonders feierlichen und sehr bewegenden Zeremonie.

In der Folgezeit sollten finanzielle und strukturelle Schwierigkeiten weitere Anbauten respektive Renovierungen bestehender Klostergebäude leider unterbinden.[169] 1957 wurde freilich, durch dem geschilderten Abteibau ähnliche

---

[165] Vgl. im Folgenden *Tsiakas*, a.a.O. [Fn. 2], prinzipiell S. 1 ff. (auf Griechisch); *Panagopoulos*, a.a.O. [Fn. 2], prinzipiell S. 1 ff. (auf Griechisch); *Provatakis*, a.a.O. [Fn. 2], bereits S. 1 ff. (auf Griechisch); *(ohne Autorenangabe)* Das Heilige Kloster der Panagia Eikosifoinissa (Ιερά Μονή Παναγίας Εικοσιφοίνισσας), a.a.O. [Fn. 2] (auf Griechisch); *(ohne Autorenangabe)* Das Heilige Kloster der Panagia Eikosifoinissa (Pangaion) (Ιερά Μονή Παναγίας Εικοσιφοινίσσης (Παγγαίου)), a.a.O. [Fn. 2] (auf Griechisch); *(ohne Autorenangabe)* Makedonische Kirchentradition: Das Heilige Kloster der Panagia Eikosifoinissa des Pangaion (Μακεδονική Εκκλησιαστική παράδοση: Η Ιερά Μονή Παναγίας Εικοσιφοινίσσης Παγγαίου), a.a.O. [Fn. 2] (auf Griechisch); *Kontos*, a.a.O. [Fn. 2] (auf Griechisch); *Rizopoulos*, a.a.O. [Fn. 26] (auf Griechisch).
[166] Vgl. *Kyratsos*, a.a.O. [Fn. 3], S. 28 (auf Griechisch).
[167] Vgl. ibid.
[168] Vgl. ibid.
[169] Vgl. ibid.

Mittel, ein kleines Gästehaus im Kloster errichtet, welches seinerzeit 10 Räume umfasste.[170]

II. Die Wirkungsjahre des Metropoliten *Dionysios* von Drama ab 1965

Als 1965 *Dionysios Kyratsos*, ein aus Arnaia (Chalkidiki) stammender orthodoxer Geistlicher, unter dem Namen *Dionysios* Metropolit von Drama wurde, begann gleichsam die bis heute anhaltende Blütezeit des Heiligen Klosters.[171] Recht rasch nach seinem Amtsantritt besuchte *Dionysios* das Heilige Kloster, wobei ihm auf recht schmerzliche Art und Weise bewusst werden musste, dass dieser einstmals so stolze Ort ganz offenbar eine lange Leidenszeit erfahren hatte.[172] Sich des großen Erbes des Klosters allerdings stets bewusst, setzte er sich in der Folgezeit unermüdlich für einen kontinuierlichen Wiederaufbau (bzw. Erweiterung der Gebäudebestände) ein.[173] Auch sorgte *Dionysios* dafür, dass das Kloster mit elektrischem Strom versorgt wurde.[174] Dies stellte einen großen Fortschritt dar. Ein Großteil dieser Bemühungen war bis zum Jahre 1980 umgesetzt.[175] Dies war wiederum in großen Teilen der Großzügigkeit und Liebe der Gläubigen insbes. aus den umliegenden Ortschaften zu verdanken.[176] Hierbei ist es kaum übertrieben, zu unterstreichen, dass das Heilige Kloster seither in noch größerem Glanze erstrahlen kann.[177]

Abgesehen vom soeben geschilderten Wiederaufbau respektive der Erweiterung der Gebäudebestände des Heiligen Klosters, mühte sich Metropolit *Dionysios* insbes. auch um die Renaissance klösterlichen Lebens.[178] Damit ist gemeint, dass der personelle Bestand des Klosters infolge der Besatzungszeit arg gelitten hatte und dringend einer Erneuerung bedurfte. Solches musste sich

---

[170] Vgl. ibid.
[171] Vgl. ibid.
[172] Vgl. ibid.
[173] Vgl. *Kyratsos*, a.a.O. [Fn. 3], S. 29 (auf Griechisch).
[174] Vgl. ibid.
[175] Vgl. ibid.
[176] Vgl. ibid.
[177] Vgl. ibid.
[178] Vgl. ibid.

freilich nunmehr (in der zweiten Hälfte der 1960er Jahre) als realiter schwierig erweisen, da die meisten jungen Geistlichen der betreffenden Gegend eher dazu tendieren, auf dem Heiligen Berge Athos tätig zu sein.[179] Daher entschloss sich der Metropolit 1967, das Heilige Kloster der Panagia Eikosifoinissa zu einem reinen Frauenkloster umzuwandeln.[180] Solches wurde insbes. durch das ‚Abaton'[181] von Frauen in Bezug auf Athos begünstigt.[182] Denn somit wurde Frauen, welche einer Nonnentätigkeit nachgehen mochten bzw. möchten, eine entsprechende Möglichkeit außerhalb des Athos geboten. Der Beschluss des Metropoliten sollte sich als erfolgreich erweisen, denn noch heute leben und arbeiten 25 Nonnen im Heiligen Kloster der Panagia Eikosifoinissa.[183] Aufgrund seiner vielschichtigen Tätigkeit wird der 2005 verstorbene *Dionysios* vielerseits als dritter Ktetor des Heiligen Klosters angesehen.[184]

Infolge dessen, dass der Heilige Berg Athos soeben thematisch tangiert worden ist, ist es freilich sachdienlich, etwas Näheres über ebendiesen zu erfahren.

---

[179] Vgl. ibid.
[180] Vgl. ibid.
[181] Siehe hierzu in der Folge, G.IV.3.
[182] Vgl. *Kyratsos*, a.a.O. [Fn. 3], S. 29 (auf Griechisch).
[183] Vgl. ibid.
[184] Vgl. ibid., m.w.N.

G. Exkurs: Die Verfassungswirklichkeit auf dem Heiligen Berge Athos[185]

I. Prolegomena[186]

Der unter griechischer Oberhoheit stehende Heilige Berg Athos ist eine weltweit einzigartige Republik, deren besonderer Rechtsstatus – neben der nicht zu übersehenden, aktuellen und gleichsam seit beinahe 100 Jahren tradierten, hellenischen verfassungsrechtlichen Provision[187] - nicht zuletzt auch die zivile Rechtsprechung in Griechenland vereinzelt beschäftigt hat.[188] Bereits während der byzantinischen Zeit, aber auch während der osmanischen Herrschaft, wurde das Leben der in den dortigen, verschiedenen Klöstern wirkenden Geistlichen auf eine harte Probe gestellt. Die Umwälzungen der angesprochenen Perioden brachten es nicht zuletzt mit sich, dass die innerklösterlichen Regelkataloge einer oftmaligen Änderung unterlagen. Ferner wurde auch der für alle Klöster seit 972 geltende Generalkanon („Typikon") in Bezug auf die Verwaltung des Heiligen Berges allein bis 1810 sieben Male revidiert.

---

[185] Vgl. im Folgenden *Parashu, Dimitrios,* Die Verfassungswirklichkeit auf dem Heiligen Berge Athos, in: *derselbe,* Die Verfassungswirklichkeit auf dem Heiligen Berge Athos und andere Schriften zum ausländischen öffentlichen Recht und dem institutionellen Europarecht, Berlin 2013, S. 1 ff. (Χάριτι Θεού ολοκληρώθη 14-5-2013).

[186] Vgl. *Müller, Andreas E.,* Berg Athos: Geschichte einer Mönchsrepublik, München 2005, S. 68 ff; *Troianos, Spyridon,* Lektionen des Kirchenrechts (Παραδόσεις Εκκλησιαστικού Δικαίου), 2. Aufl. Athen-Komotini 1984, S. 463 ff. (auf Griechisch); *Polyzoidis, Konstantinos Th.,* Kirchliche Quellen des Kirchenrechts. Orthodoxes Mönchtum (Εκκλησιαστικές Πηγές Εκκλησιαστικού Δικαίου. Ορθόδοξος Μοναχισμός), Thessaloniki 1991, S. 252 ff. (auf Griechisch). *Tsourkas, Dimos Kl.,* Die außerordentlichen Gerichte. Beitrag zur Auslegung und Anwendung des Artikels 8 Abs. 2 der Verfassung (Τα έκτακτα δικαστήρια. Συμβολή στην ερμηνεία και εφαρμογή του άρθρου 8 § 2 του Συντάγματος), Thessaloniki 1987, S. 150 ff. (auf Griechisch, m.w.N.); *Mantzaridis, Georgios,* Der Heilige Berg Athos (ins Deutsche übersetzt von *Wiertz, Paul*), in: *Nyssen, Wilhelm/Schulz, Hans-Joachim/Wiertz, Paul,* Handbuch der Ostkirchenkunde, Band III, 1. Aufl. Düsseldorf 1997, S. 51-69; *Mikragiannanitis, Nikephoros, Priestermönch,* Der Heilige Berg Athos (herausgegeben von der Hütte der Heiligen Erzengel, Skite der Mikra Agia Anna, Athos und übersetzt von G. Adam), 1. Aufl. Athos 2003 *(passim).*

[187] Art. 105 GrV 1975/1986/2001/2008; siehe in der direkten Folge, G.II.

[188] Siehe hier insbesondere die Entscheidung der 3. Kammer des Areopages (ΑΠ) 555/1961 (Γ' Τμήμα), in: Zeitschrift ,Εφημερίς Ελλήνων Νομικών/Efimeris Ellinon Nomikon' (EEN) 29 (1962), S. 207-209 (auf Griechisch): Diese unterstrich inzidenter den Status von Athos, bezog sich ganz wesentlich auf die Frage, inwieweit bestimmte Gegenstände einem Mönche nach seiner Tonsur auf dem Heiligen Berge zuständen und legte unter anderem fest, dass eine Eintragung in das dort vorgesehene Mönchsregister weder ein Element juristisch relevanter Vollendung der Tonsur darstelle noch letztere ausschließlich beweisen könne.

Der enge Bezug zu Griechenland ist quasi naturgemäß seit jeher gegeben; charakteristisch ist in diesem Zusammenhang etwa die euphorische Teilnahme und Teilhabe vieler Mönche am 1821 einsetzenden hellenischen Freiheitskampfe, aber auch bei anderen entsprechenden Herausforderungen der Nation.

Die erste wichtige Hervorhebung des Heiligen Berges Athos auf völkerrechtlicher Ebene fand indes in der jüngeren Zeit erst im Rahmen des Berliner Vertrages vom 13. Juli 1878 statt. Art. 62 Abs. 8 desselben sah ausdrücklich vor, dass „die Mönche des Heiligen Berges, welches auch immer das Land ihrer Abstammung ist, (..) ihre Besitzungen und ihre früheren Vorteile (behalten) und (..) ohne jede Ausnahme unbedingte Gleichheit der Rechte und Vorrechte (genießen)". Dies änderte freilich noch nichts an der – bereits stetig schwächer werdenden – osmanischen Oberhoheit.

Der historisch bekannte griechische Kreuzer „Averoff" vermochte es dann, im Rahmen des Ersten Balkankrieges 1912 den Heiligen Berg von osmanischer Herrschaft zu befreien. Darauf sollte, nach dem Scheitern russischer diplomatischer Bemühungen um eine potentielle Oberhoheit, eine einstweilige Unabhängigkeit des Athos, freilich unter der damals noch stillschweigenden Oberhoheit Griechenlands,[189] folgen. 1920 wurde der Heilige Berg dann im Zuge des Vertrages von Sèvres[190] explizit unter die Oberhoheit Griechenlands gestellt. Nach der Niederlage Griechenlands im griechisch-türkischen Krieg 1922 erfuhr man eine Zwangsbeschlagnahme der außerhalb des Heiligen Berges, und konkreter auf dem Boden des Königreiches Griechenland befindlichen Immobilien, zugunsten der Integration der Flut von griechischen Flüchtlingen aus Kleinasien.

Das Ende ebendieses Krieges, und speziell der Vertrag von Lausanne vom 24. Juli 1923 führte ausdrücklich[191] zur Konsolidierung des Status von Athos als griechischem Hoheitsgebiet; dies allerdings bei notwendiger Gewährleistung des geschilderten einstmaligen Grundgedankens des Berliner Vertrages.

Die Mönche des Heiligen Berges selbst waren es, welche sich darauffolgend und im Rahmen verschiedener Zusammenkünfte 1924 eine eigene verfassungsrechtliche Basis, der Athonitischen Verfassungsordnung (Καταστατικός Χάρτης Ἁγίου Ὄρους Ἄθω) verliehen. *Müller* spricht hierbei explizit von einer „Athosverfassung"[192], *Iliopoulos-Strangas* von einer

---

[189] Vgl. hierzu Art. 5 des Vertrages von Bukarest (1913).
[190] Siehe insbesondere Art. 13 des Vertrages von Sèvres.
[191] Siehe Art. 13 des Vertrages von Lausanne.
[192] *Müller*, a.a.O. [Fn. 186], S. 70.

„konstituierenden Charta"[193] und *Mikragiannanitis* von einer „Grundrechtsordnung"[194]. Die noch junge II. Hellenische Republik schritt relativ rasch zur Ratifikation der Athonitischen Verfassungsordnung, im Rahmen der legislativen Verordnung (v.δ.) vom 10/16. September 1926. Ferner wurde in der republikanischen Verfassung von 1927 erstmals der offiziell bis heute existierende Status des Heiligen Berges erwähnt.[195]

Die genannte Verfassung der Halbinsel hat, trotz ihrer besonderen rechtlichen Form, keinen vollkommen neuen Status in Bezug auf den Heiligen Berg eingeführt, sondern vielmehr jahrhundertealte Traditionen aller vorhergehenden „Typika" effektiv mit der zeitgenössischen Rechtsordnung des griechischen Staates verknüpft.[196]

II. Der Heilige Berg als Bestandteil von griechischen Verfassungen seit 1927[197]

Eine herausragende Behandlung räumte, wie angeführt, als erste die republikanische Verfassung von 1927 dem Heiligen Berge Athos ein.[198] Expressis verbis handelte es sich hierbei um einen Selbstverwaltungsbezirk des griechischen Staates.[199] Neu war im selben Zusammenhang auch, dass dort zugelassenen Geistlichen nach dem griechisch-orthodoxen, kanonischen

---

[193] *Iliopoulos-Strangas, Julia,* Grundrechtsschutz in Griechenland, in: JöR N.F. 32 (1983), S. 395 ff. (413).

[194] *Mikragiannanitis,* a.a.O. [Fn. 186], S. 59.

[195] Siehe in der direkten Folge, G.II.

[196] Entsprechend auch *Tsatsos, Themistoklis/Volonakis, Michail,* Die Rechtspflege auf dem Heiligen Berge (Η απονομή της Δικαιοσύνης εν Αγίω Όρει), in: Zeitschrift ΑΕΚΔ (Αρχείον Εκκλησιαστικού και Κανονικού Δικαίου/Archeion Ekklisiastikou kai Kanonikou Dikaiou) 4 (1949), S. 213 ff. (auf Griechisch). Genereller zu dieser Thematik *Frangistas, Charalambos,* Verfassungskraft der Regeln der Kirche (Συνταγματική δύναμις των Κανόνων της Εκκλησίας), in: Aristoteleion Panepistimion Thessalonikis (Hrsg.), Wissenschaftliches Jahrbuch der Juristischen und Wirtschaftswissenschaftlichen Fakultät, Band 13: Festschrift für Ilias G. Kyriakopoulos (Αριστοτέλειον Πανεπιστήμιον Θεσσαλονίκης, Επιστημονική Επετηρίς Σχολής Νομικών και Οικονομικών Επιστημών, Τόμος ΙΓ΄: Τιμητικός Τόμος Ηλία Γ. Κυριακόπουλου), Thessaloniki 1966, S. 1183 ff. (auf Griechisch).

[197] Vgl. im Folgenden *Parashu,* a.a.O. [Fn. 135; Die Weimarer Reichsverfassung und die Verfassung der II. Hellenischen Republik von 1927 (…)], S. 128 f.; die entsprechende Regelung (Artt. 106-109) der im selben Werk (S. 47-52) behandelten, realiter bedeutungslosen „Zwischen"-Verfassung von 1925/26 bleibt aufgrund ebendieser Tatsache hier unberücksichtigt.

[198] Art. 109 ff. GrV 1927.

[199] Art. 109 Satz 1 GrV 1927.

Kirchenrecht *ipso iure* die griechische Staatsangehörigkeit verliehen werden konnte.[200]

Die verfassungsrechtliche Festlegung der Verwaltung Athos' sah auch auf dieser Ebene ausdrücklich die traditionelle Aufteilung der Halbinsel zwischen zwanzig Klöstern vor.[201] Die geistige Homogenität der dort wohnhaften Mönche und weiteren Kleriker wurde ferner durch das ausdrückliche Verbot der Niederlassung von Andersgläubigen nachdrücklich unterstrichen[202] – auf diese Art und Weise entsprach der Verfassungsgeber wiederum dem kanonischen Recht.

Dem griechischen Staate, weiterhin Souverän der Halbinsel,[203] wurde lediglich die Gewährleistung der öffentlichen Ordnung eingeräumt;[204] dies namentlich personifiziert durch den, von der jeweiligen Regierung bestellten, Statthalter.[205] Alles weitere wurde der dortigen verfassungsrechtlichen Selbstverwaltung eingeräumt.[206]

Gmelin charakterisierte die verfassungsrechtliche Regelung hinsichtlich des Berges Athos als Fundamentierung einer ,merkwürdigen Sonderstellung', welche sich „um Anerkennung der Vorrechte handelt, die die Mönchsrepublik des Athos durch die Jahrhunderte der Türkenherrschaft in den modernen griechischen Staat hinübergerettet" habe.[207] Dies war freilich als eine Honorierung der Unterstützung aller Griechen während der Zeiten des osmanischen Joches zu erklären.

Im Zusammenhang der bereits geschilderten weltlichen Kompetenzen des griechischen Staates ebendort kategorisierte *Gmelin* Athos daneben als ,privilegierten Kommunalverband'.[208] Letzteres gibt die tatsächliche Rechtsstellung der Mönchsrepublik innerhalb der II. Hellenischen Republik korrekt wieder.

Dieses gilt auch für den Status quo. Der Wortlaut der verfassungsrechtlichen Provisionen aus der republikanischen Verfassung von 1927 wurde nämlich in den Verfassungen Griechenlands von 1952 und 1975[209] in ebendieser Form beibehalten. Als einziger Unterschied ist festzuhalten, dass derselbe Regelungsgehalt seit der Verfassung von 1952 jeweils in einem einzelnen

---

[200] Art. 109 Satz 3 GrV 1927.
[201] Art. 110 Satz 1 GrV 1927.
[202] Art. 110 Sätze 2,4 GrV 1927.
[203] Art. 109 Satz 1 *in fine* GrV 1927.
[204] Art. 111 Abs. 2 *in fine* GrV 1927.
[205] Art. 112 GrV 1927.
[206] Art. 111 Abs. 1 GrV 1927.
[207] Siehe *Gmelin, Hans,* Die Verfassung der griechischen Republik, in: JöR 16 (1928), S. 270 ff. (272).
[208] Siehe *Gmelin,* a.a.O. [Fn. 207], S. 272/273.
[209] Vgl. hierzu etwa *Iliopoulos-Strangas,* a.a.O. [Fn. 193], S. 413 (m.w.N.).

Verfassungsartikel zusammengefasst ist (Art. 103 respektive, in der aktuellen Verfassung der Hellenischen Republik, Art. 105). Auch das dokumentiert die gegebene, besondere Kontinuität im Athos-Zusammenhange.

III. Die legislative Verordnung vom 10./16. September 1926 als weltlicher Ratifikationsakt der Athonitischen Verfassungsordnung (Charta)

Aus Gründen der rechtstechnischen Systematik ist es notwendig, an dieser Stelle zunächst den Inhalt des staatlichen Aktes[210] zu analysieren, welcher letzten Endes die offizielle Zugehörigkeit Athos' zur hellenischen Rechtsordnung[211] manifestiert.

Bereits fundamental werden bestimmte Zoll- und steuerrechtliche Vorteile des Heiligen Berges festgelegt:[212] Diese entspringen ganz wesentlich seiner besonderen Position und umfassen etwa gewisse Facetten der Boden- und Verbrauchsteuer.

Besonders wichtig für die Beziehungen zur Hellenischen Republik ist die Bestellung des staatlichen Repräsentanten.[213] Dieser Statthalter hat durch eine (nunmehr) präsidiale Verordnung bestellt zu werden, welche der Minister des Äußeren der Hellenischen Republik gegenzeichnen muss.[214] Dies allein schon aus dem praktischen Grunde, dass der Statthalter ganz überwiegend aus dem Kreise bestimmter, im Dienste dieses Ministeriums aktiv oder ehemals beschäftigter Beamter bestellt zu werden hat.[215]

---

[210] Zum besonderen Charakter dieser legislativen Verordnung vgl. *Troianos,* a.a.O. [Fn. 186], S. 473/474 (auf Griechisch); Zitat auch bei *Polyzoidis,* a.a.O. [Fn. 186], S. 254 (auf Griechisch).

[211] Siehe in diesem Zusammenhang allerdings auch die ausdrückliche Nichtigkeit etwaiger Bestimmungen der Athonitischen Verfassungsordnung (Charta) im Falle ihrer Gegensätzlichkeit zur legislativen Verordnung von 1926 (Art. 1 dieser Verordnung, *in fine*).

[212] Art. 2 der legislativen Verordnung von 1926; siehe hierzu auch insbesondere die Artt. 12/167-168 und 170 der Athonitischen Verfassungsordnung (Charta).

[213] Artt. 3-5 der legislativen Verordnung von 1926; siehe hierzu auch Art. 8 Athonitische Verfassungsordnung (Charta).

[214] Art. 3 Abs. 1 der legislativen Verordnung von 1926.

[215] Art. 3 Abss. 1, 2 der legislativen Verordnung von 1926.

Hauptaufgabe des Statthalters stellt die Prüfung der Einhaltung der Athonitischen Verfassungsordnung (Charta)[216] und allgemein des rechtlichen Status des Heiligen Berges,[217] und hat in diesem Zusammenhang mit den dortigen Verfassungsorganen zusammenzuarbeiten: Zu Sitzungen namentlich des Organes der Heiligen Gemeinschaft wird er regelmäßig geladen.[218]

Ferner hat der Statthalter dafür zu sorgen, dass Beschlüsse der Organe des Heiligen Berges durch die ihm untergebenen Organe umgesetzt werden.[219] Dies gilt ebenso für die dort ergangenen Gerichtsurteile weltlichen Inhaltes.[220] Zur Hand gehen ihm insbesondere ein Sekretär, ein Verwaltungsdiener und die sachkompetente Gendarmerie.[221]

Die Tatsache der Präsenz dieses regelmäßig von Seiten der griechischen Regierung zu ernennenden Statthalters sieht *Müller* als „(Verfassungs-)Zusatz, (der) den Mönchen nicht sonderlich willkommen gewesen sein dürfte(..)"[222]. Dies wohl vornehmlich aus dem Grunde, dass letztere jahrhundertelang kaum eine direkte Partizipation weltlicher Repräsentanten in ihren Dingen kannten. Mittlerweile sind jedoch knapp hundert Jahre vergangen, welche bis dato eine unproblematische Symbiose zwischen geistlicher und weltlicher Repräsentation des Heiligen Berges mit sich gebracht haben.

Den ersten Bezug zu den Organen des Heiligen Berges bietet sodann Art. 6 der legislativen Verordnung von 1926: Dieser bezieht sich auf die außerordentliche, biannuale Heilige Zusammenkunft, welche aus den Spitzen der 20 Klöster Athos' besteht und besondere judikative[223] wie auch gewisse legislative Kompetenzen[224] hat, und hinsichtlich letzterem wohl eine Art Impulsgeber darstellt.[225] Gleichwohl werden verschiedentlich weitere Bezüge zu anderen Organen des Heiligen Berges geschaffen,[226] deren Definition oder nähere Präsentation allerdings letztlich der Athonitischen Verfassungsordnung

---

[216] Art. 3 Abs. 4 der legislativen Verordnung von 1926.
[217] Art. 4 Abs. 1 der legislativen Verordnung von 1926.
[218] Ibid.
[219] Art. 4 Abs. 3 der legislativen Verordnung von 1926.
[220] Art. 8 Abs. 1, 2 i.V.m. Art. 34 der legislativen Verordnung von 1926.
[221] Art.5 der legislativen Verordnung von 1926.
[222] *Müller*, a.a.O. [Fn. 186], S. 70.
[223] Art. 7 Abs. 1 i.V.m. Art. 9 Ziff. 3 und Art. 10 der legislativen Verordnung von 1926.
[224] Etwa gemäß Art. 40 *in fine* der legislativen Verordnung von 1926, zugunsten der Schaffung eines umfassenden Systems wissenschaftlicher Nutzung und Absicherung der auf dem Heiligen Berge *(befindlichen)* Wälder und in Hinblick auf die Organisation einer besonderen Waldbehörde; ebenso, gemäß Art. 42 der legislativen Verordnung von 1926, die Aufsicht über die innerklösterliche Pflege der Ordnung und Instandhaltung der Bibliotheken, Manuskripte, antiken Ikonen, Gefäße und weiterer entsprechender Gegenstände.
[225] Vgl. Art. 43 Athonitische Verfassungsordnung (Charta); siehe hierzu auch *Troianos,* a.a.O. [Fn. 186], S. 477/489 (auf Griechisch); Zitat auch bei *Polyzoidis,* a.a.O. [Fn. 186], S. 260 (auf Griechisch).
[226] Siehe etwa Art. 9 Ziff. 2 *in fine* der legislativen Verordnung von 1926, über die sogenannte „Heilige Beisteherschaft".

(Charta) vorbehalten bleibt. Insoweit wird auf die entsprechende Analyse verwiesen.[227]

Die Allgemeinen Bestimmungen (Artt. 37-44) der legislativen Verordnung umfassen ihrerseits etwa die Befreiung aller Mönche des Heiligen Berges vom Militärdienst,[228] bestimmte Anwendungsmöglichkeiten eines patriarchischen Sigillion von 1909[229] wie auch die Gründungsbasis der für die Nachwuchsbildung auf dem Heiligen Berge besonders bedeutsamen ‚Athoniados Scholi‘.[230]

ad III.: Zur Rechtspflege[231]

Die legislative Verordnung vom 10./16. September 1926 verfügt ferner über einen höchst umfangreichen Teil hinsichtlich der Rechtspflege auf dem Heiligen Berge (Artt. 7-36)[232]; es ist nicht übertrieben zu sagen, dass dies den Löwenanteil der Verordnung bildet. Somit lohnt eine separate Würdigung dieses Teiles.

Namhafte und für einen Rechtsstaat unabdingbare Grundrechte, wie etwa das Grundrecht auf rechtliches Gehör und auf den gesetzlichen Richter, werden naturgemäß bereits zu Beginn dieses Regelungskomplexes berücksichtigt.[233] In jedem Fall sind freilich Mönche, nicht zuletzt aufgrund ihrer Lebensart, von der Eigenschaft eines Gerichtsmitgliedes auszuschließen.[234]

Generell sind hinsichtlich kirchlicher Rechtsverletzungen und Grenz- sowie Streitfragen in Bezug auf zum Bewohnen klösterlicher Bestandteile

---

[227] Siehe in der direkten Folge, G.IV.

[228] Art. 38 der legislativen Verordnung von 1926.

[229] Art. 39 der legislativen Verordnung von 1926 legt entsprechend fest, dass die Bestimmungen über Zellen, einem klösterlichen Bestandteil, im Rahmen der Athonitischen Verfassungsordnung (Charta) des Heiligen Berges nur soweit ratifiziert werden, wie sie nicht gegensätzlich zu dem besagten Patriarchischen Synodischen Sigillion des 7. Juni 1909 sind.

[230] Art. 41 der legislativen Verordnung von 1926. Siehe auch Art. 182 der Athonitischen Verfassungsordnung (Charta). Vertiefend zu dieser ‚Athonitischen Akademie‘, deren Wurzeln bis 1749 zurückreichen und welche bis zum heutigen Tage eine Vielzahl namhafter Schüler hat hervorbringen können, siehe *Mikragiannanitis*, a.a.O. [Fn. 186], S. 48 ff.

[231] Vgl. *Tsatsos/Volonakis*, a.a.O. [Fn. 196], S. 213 ff. (auf Griechisch); *Troianos*, a.a.O. [Fn. 186], S. 510 ff. (auf Griechisch); *Polyzoidis*, a.a.O. [Fn. 186], S. 264 f. (auf Griechisch); *Tsourkas*, a.a.O. [Fn. 186], S. 160 ff. (auf Griechisch; m.w.N.).

[232] Siehe hierzu auch Artt. 7/41-83 Athonitische Verfassungsordnung (Charta).

[233] Art. 7 Abs. 3 der legislativen Verordnung von 1926.

[234] Art. 11 Abs. 1 der legislativen Verordnung von 1926.

legitimierende Homologa folgende Organe entscheidungskompetent:[235] die Klösterlichen Zusammenkünfte und Ältestenräte,[236] die Heilige Gemeinschaft[237] und, in Vertretung des Ökumenischen Patriarchen und seiner Heiligen Synode selbst, die Exarchie des Ökumenischen Patriarchates sowie die biannuale Zusammenkunft[238]. Bei Fragen des gemeinen Strafrechts sind, mit Ausnahme der Ordnungswidrigkeiten, die Strafgerichte in Thessaloniki zuständig.[239]

Insbesondere die Entscheidung von Grenz- und Streitigkeiten in Bezug auf Homologa werden ausführlich gewürdigt.[240] Hierbei gilt regelmäßig die Parteimaxime;[241] für die Vorbereitung des Verfahrens bestellt das zuständige Gericht einen Berichterstatter.[242] Auch werden etwa Bestimmungen über die Modalitäten der Beweisaufnahme,[243] und hierbei insbesondere ein potentieller Augenschein und Sachverständigenbeweis,[244] vorgesehen.

Die Gerichtsverhandlung *stricto sensu*[245] wie auch Gerichtsberatung, Urteilsfindung und –verkündung[246] finden sich ebenfalls in diesem Teile der legislativen Verordnung wieder. Die Urteile haben regelmäßig bei absoluter Mehrheit der anwesenden Gerichtsmitglieder zu ergehen;[247] besonders interessant ist hierbei die potentielle Niederschrift von Mindermeinungen im Urteile.[248] Relevant für das Rechtsmittel der Berufung und den Topos der Vollstreckung sind die Artt. 28 ff. der legislativen Verordnung.

---

[235] Art. 7 Abs. 1 der legislativen Verordnung von 1926.

[236] Generell erstinstanzlich, in Bezug auf innerklösterliche kirchliche und disziplinarische Rechtsverletzungen, polizeiliche und marktaufsichtsrelevante Übertretungen und Ordnungswidrigkeiten sowie Grenz- und anderen Streitigkeiten zwischen zwei Bestandteilen desselben Klosters (Art. 9 Ziff. 1 litt. a-c der legislativen Verordnung von 1926).

[237] Erstinstanzlich generell in Bezug auf Streitigkeiten zwischen mehreren Klöstern, zweitinstanzlich in Bezug auf die Entscheidungen der Klösterlichen Zusammenkünfte und Ältestenräte (Art. 9 Ziff. 2 der legislativen Verordnung von 1926).

[238] In Bezug auf Berufungen, aber auch Revisionen gegen Entscheidungen der Heiligen Gemeinschaft (Art. 9 Ziff. 3 und Art. 10 der legislativen Verordnung von 1926).

[239] Art. 7 Abs. 2 der legislativen Verordnung von 1926.

[240] Artt. 14 ff. der legislativen Verordnung von 1926.

[241] Art. 15 der legislativen Verordnung von 1926.

[242] Artt. 18 ff. der legislativen Verordnung von 1926.

[243] Artt. 20-22 der legislativen Verordnung von 1926.

[244] Art. 21 der legislativen Verordnung von 1926.

[245] Artt. 23-24 der legislativen Verordnung von 1926.

[246] Artt. 25-26 der legislativen Verordnung von 1926.

[247] Art. 31 der legislativen Verordnung von 1926.

[248] Art. 26 *in fine* der legislativen Verordnung von 1926.

IV. Näheres zu den Bestimmungen der Athonitischen Verfassungsordnung (Charta) im Einzelnen

1. Initialbetrachtungen

Die Republik des Athos besteht aus der bereits angeführten, konstant gleichbleibenden Anzahl[249] von 20 souveränen[250] Klöstern, wozu gehören:[251] 1) Das heilige Kloster Megistis Lavras, 2) das heilige Kloster Vatopediou, 3) das heilige Kloster Iviron, 4) das heilige Kloster Chiliandariou, 5) das heilige Kloster Dionysiou, 6) das heilige Kloster Koutloumoussiou, 7) das heilige Kloster des Pantokratoros, 8) das heilige Kloster Xiropotamou, 9) das heilige Kloster Zografou, 10) das heilige Kloster Dochiariou, 11) das heilige Kloster Karakallou, 12) das heilige Kloster Filotheou, 13) das heilige Kloster Simonos Petras, 14) das heilige Kloster des Heiligen Pavlos, 15) das heilige Kloster Stavronikita, 16) das heilige Kloster Xenophontos, 17) das heilige Kloster Grigoriou, 18) das heilige Kloster Esfigmenou, 19) das heilige Kloster Rossikou, 20) das heilige Kloster Konstamonitou.

Zu jedem einzelnen Kloster gehören auch weitere Gebietsteile. Art. 1 Abs. 2 der Athonitischen Verfassungsordnung (Charta) legt bereits grundsätzlich fest, was solche Bestandteile[252] der zwanzig souveränen Klöster des Heiligen Berges sind, und dementsprechend gehören insbesondere Skiten[253] und Zellen[254] hierzu.

---

[249] Art. 3 Athonitische Verfassungsordnung (Charta).

[250] Die Souveränität beinhaltet insbesondere ihre Eigenverwaltung (Art. 9 i.V.m. Art. 13 der Athonitischen Verfassungsordnung (Charta)) wie auch das lediglich diesen Klöstern zuerkannte Recht auf Eigentum (Art. 2 i.V.m. Art. 13 der Athonitischen Verfassungsordnung (Charta)).

[251] Art. 1 Abs. 1 Athonitische Verfassungsordnung (Charta).

[252] Siehe auch die Artt. 126-141 Athonitische Verfassungsordnung (Charta), wobei der Souveränität der Klöster unter anderem durch die Bestimmungen hinsichtlich Verbesserungsarbeiten an Bestandteilen nach Genehmigung des Klosters (Art. 129 Abs. 1), dem Export von Holz aus den Wäldern des betreffenden Klosters (Art. 135), der erforderlichen, periodischen (in gewissem Sinne Steuer-)abgaben der Bestandteile an das souveräne Kloster (Art. 137), dem notwendigen Betragen der Mönche in Bestandteilen (Art. 139; Sehr umfassend zu diesem Betragen *Panagiotakos, Panagiotis I.*, Systematik des Kirchenrechts gemäß seiner Geltung in Griechenland. Band IV: Das Recht der Mönche (Σύστημα Ἐκκλησιαστικοῦ Δικαίου κατὰ τὴν ἐν Ἑλλάδι ἰσχύν αὐτοῦ. Τόμος Δ΄: Τὸ Δίκαιον τῶν Μοναχῶν), Athen 1957 (auf Griechisch; *passim*)), wie auch dem potentiellen Verkaufe eines Bestandteiles (Art. 138), normalerweise an ein anderes Kloster (Art. 140) Rechnung getragen wird.

[253] Zu den insgesamt 12 Skiten konkreter Artt. 142-160 Athonitische Verfassungsordnung (Charta).

[254] Konkreter hierzu die Artt. 161-166 Athonitische Verfassungsordnung (Charta).

Jede Skite wird verwaltet durch die beiden, jeweils für eine einjährige Amtszeit dienenden,[255] Organe des Dikaios („Gerechter")[256] und der Berater[257] sowie die Zusammenkunft ihrer Älteren (Art. 149). Dabei gelten die wesentlichen Elemente des obligatorisch unveränderten Status unter dem jeweiligen souveränen Kloster,[258] der eingeschränkten Selbstverwaltung unter ebendieser Ägide,[259] dem bestimmten Betragen der in der Skite wohnhaften Mönche und Auszubildenden[260] sowie nicht zuletzt auch Fragen der ordentlichen Finanzverwaltung der Skite[261]. Die noch kleineren Zellen werden regelmäßig von drei, die Tonsur erfahren habenden Brüdern bewohnt,[262] unter Inbezugnahme möglicher Auszubildender von maximal sechs Personen.[263] Die Zellen genießen ferner Nießbrauchsrechte in Bezug auf bestimmte Ländereien ihrer souveränen Klöster.[264]

Die geistige Oberhoheit des Patriarchates[265] ist ebenso ein Fixum wie das absolute Verbot, den Klöstern eine etwa weltliche Zielgebung zu verleihen[266]. Darüber hinaus wiederholt die Athonitische Verfassungsordnung (Charta), entsprechend der GrV,[267] das Verbot einer Niederlassung Andersgläubiger,[268] wie auch die automatische Zuerkennung der griechischen Staatsangehörigkeit an auf dem Heiligen Berge wohnhafte Mönche.[269]

---

[255] Art. 153 Athonitische Verfassungsordnung (Charta).
[256] Aus dem Kreise der Ältesten der verschiedenen Einhöhlungen in den Skiten gewählt (zu notwendigen Qualifikationen und Wahl siehe die Artt. 150-151 Athonitische Verfassungsordnung (Charta)).
[257] Zur Wahl der Berater siehe Art. 152 Athonitische Verfassungsordnung (Charta).
[258] Art. 143 Athonitische Verfassungsordnung (Charta). Hierzu vgl. sehr plastisch *Troianos*, a.a.O. [Fn. 186], S. 482 (auf Griechisch); Zitat auch bei *Polyzoidis*, a.a.O. [Fn. 186], S. 255 (auf Griechisch).
[259] Art. 144 Athonitische Verfassungsordnung (Charta).
[260] Art. 147 Athonitische Verfassungsordnung (Charta).
[261] Artt. 157-158 Athonitische Verfassungsordnung (Charta).
[262] Art. 161 Athonitische Verfassungsordnung (Charta).
[263] Art. 162 Athonitische Verfassungsordnung (Charta).
[264] Art. 163 Athonitische Verfassungsordnung (Charta).
[265] Art. 5 Abs. 1 Athonitische Verfassungsordnung (Charta).
[266] Art. 4 Athonitische Verfassungsordnung (Charta).
[267] Siehe Art. 105 Abs. 2 *in fine*/Abs. 1 *in fine* GrV 1975/86/2001/2008.
[268] Art. 5 Abs. 2 Athonitische Verfassungsordnung (Charta).
[269] Art. 6 Athonitische Verfassungsordnung (Charta).

2. Existenz einer Gewaltenteilung? Betrachtungen in Bezug auf legislative, exekutive und judikative Elemente[270]

In gewisser Hinsicht des Legislativorgan des Heiligen Berges, besteht die 1810 gegründete, sogenannte „Heilige Gemeinschaft" (Ἱερὰ Κοινότης)[271] regelmäßig aus jeweils einem Repräsentanten der zwanzig Klöster,[272] welche für eine einjährige Amtszeit entsendet worden sind.[273] Die Amtszeit ist beliebig erneuerbar[274] - insoweit bestehen keine Beschränkungen für die Repräsentanten. Die betreffenden Personen müssen mindestens 30 Jahre alt sein und, neben einem entsprechenden Lebenswandel, auf eine adäquate kirchliche und Allgemeinbildung verweisen können.[275] Solcherart wird offensichtlich dem Bestreben Sorge getragen, die Entscheidungen dieses ständigen[276] Organes in kirchenhistorischer Kontinuität treffen zu können.

Zur Beschlussfähigkeit der Gemeinschaft ist ein Quorum von zwei Dritteln der Mitglieder, folglich 14 der 20 Repräsentanten, vonnöten.[277] Mindestens 11 müssen allerdings in jedem Fall anwesend sein.[278] Vor besagten Entscheidungen sind die Repräsentanten gegenüber dem entsendenden Kloster in Rechtfertigungsposition, was jedoch nicht auf Entscheidungen judikativer Natur zutreffen darf.[279] Schon dieses Element legt dar, dass eine Gewaltenteilung im *Montesquieuschen* Sinne im gegebenen Zusammenhang nicht vorliegen kann.

Für die Repräsentanten besteht eine strikte Teilnahmepflicht an den Sitzungen des Organes,[280] dies bei Androhung einer Verwarnung und Kategorisierung als Obstrukteur im gegenteiligen Falle.[281] Nur im besonderen Notfall kann ein Kloster seinen Repräsentanten durch eine andere Person

---

[270] Vgl. *Polyzoidis*, a.a.O. [Fn. 186], S. 259 ff. (auf Griechisch).
[271] Artt. 10-11 und 14-27 Athonitische Verfassungsordnung (Charta).
[272] Art. 14 Athonitische Verfassungsordnung (Charta).
[273] Art. 15 Athonitische Verfassungsordnung (Charta).
[274] Ibid.
[275] Art. 14 Athonitische Verfassungsordnung (Charta). Zum angesprochenen Lebenswandel siehe *Polyzoidis, Konstantinos Th.*, Das Brauchtum im Rahmen der Orthodoxen Kirche. Beitrag zu seiner rechtskanonischen und historischen Betrachtung (Το έθιμον εις το πλαίσιον της Ορθοδόξου Εκκλησίας. Συμβολή εις την νομοκανονικήν και ιστορικήν του θεώρησιν), Thessaloniki 1986, S. 78-80 (auf Griechisch).
[276] Es sind hierbei regelmäßig drei Tagungen pro Woche vorgesehen (Art. 17 Athonitische Verfassungsordnung (Charta) und die Repräsentanten haben durchgehend im Hauptort Karyes zu verweilen (Art. 19 Athonitische Verfassungsordnung (Charta).
[277] Art. 21 Athonitische Verfassungsordnung (Charta).
[278] Art. 21 *in fine* Athonitische Verfassungsordnung (Charta).
[279] Art. 16 Athonitische Verfassungsordnung (Charta).
[280] Art. 19 Athonitische Verfassungsordnung (Charta).
[281] Ibid.

ersetzen, welche gegebenenfalls auch für ein anderes Kloster in der Gemeinschaft sitzt.[282]

Ähnliche Strenge weisen auch die allgemein formellen Bestimmungen hinsichtlich sowohl der notwendigen Unterschrift der teilnehmenden Personen unter die Sitzungsprotokolle[283] als auch der Versiegelung von aus dem Heiligen Berg entsandten Schriftstücken[284] auf. Der Tradition entsprechend haben all diese, auf Entscheidungen der Gemeinschaft basierenden[285] Schriftstücke in griechischer Sprache verfasst zu sein.[286]

Von besonderer Bedeutung ist auch der von christlicher Solidarität geprägte Art. 27 der Athonitischen Verfassungsordnung (Charta): Im Falle der evidenten finanziellen Krise eines der Klöster vermag die Gemeinschaft, notwendige Maßnahmen zu seiner Wiederaufrichtung zu ergreifen.

Noch älter als die Heilige Gemeinschaft ist die sogenannte „Heilige Beisteherschaft" (Ιερά Επιστασία). Diese wurde 1783 gegründet und bildet das Hauptexekutivorgan der Entscheidungen der Gemeinschaft. In diesem Zusammenhang hat sie etwa die komplette Korrespondenz der Heiligen Gemeinschaft gemäß dem Art. 25 der Athonitischen Verfassungsordnung (Charta) auszuführen und zu versiegeln, und ebenfalls (auf rein administrativer Ebene) in Karyes für die Sauberkeit und Verbesserung der Straßen zu sorgen.[287]

Sie besteht aus vier Mitgliedern und ihre Amtszeit läuft jeweils für ein Jahr, vom 1. Juni bis zum 31. Mai des Folgejahres.[288] Bei der Kreation des Organes spielt die Unterteilung der 20 Klöster in 5 Vierergruppen eine umfangreiche Rolle;[289] hierbei steht dem Repräsentanten eines der Klöster der ersten Vierergruppe stets die Rolle des Erstbeistandes zu,[290] eines *primus inter pares*,[291] der sich nicht aus dem Hauptort Karyes entfernen darf.[292]

Auch dieses Organ ist ein Beispiel dafür, dass eine klassische Gewaltenteilung auf dem Heiligen Berge unbekannt ist: Hierzu sei nur die

---

[282] Art. 20 Athonitische Verfassungsordnung (Charta).
[283] Art. 22 Athonitische Verfassungsordnung (Charta).
[284] Art. 25 Abs. 2 Athonitische Verfassungsordnung (Charta).
[285] Ibid.
[286] Art. 26 Athonitische Verfassungsordnung (Charta).
[287] Art. 37 Athonitische Verfassungsordnung (Charta).
[288] Art. 28 Athonitische Verfassungsordnung (Charta).
[289] Ibid.: Die Abfolge der heiligen Klöster innerhalb der 5 Vierergruppen ist unveränderbar und sorgt dafür, dass innerhalb einer Fünfjahresperiode beispielsweise im ersten Jahr das jeweils erstgenannte Kloster jeder Gruppe zur Beisteherschaft gehört, im zweiten Jahre entsprechend jedes zweitgenannte etc. Nach Ende einer Fünfjahresperiode beginnt man wieder von vorn. Diese Elemente sollen offensichtlich ebenfalls der institutionellen Kontinuität Athos' dienlich sein.
[290] Art. 28 *in fine* Athonitische Verfassungsordnung (Charta).
[291] Art. 29 Athonitische Verfassungsordnung (Charta).
[292] Art. 33 Athonitische Verfassungsordnung (Charta). Vgl. *Troianos,* a.a.O. [Fn. 186], S. 487-488 (auf Griechisch); Zitat auch bei *Polyzoidis,* a.a.O. [Fn. 186], S. 260 (auf Griechisch).

Tatsache angeführt, dass jedes Kloster seinem Repräsentanten (der Heiligen Gemeinschaft) gleichzeitig auch die Pflichten eines Beistehers auferlegen kann, nicht jedoch dasjenige Kloster, welchem der Erstbeistand angehört.[293] Ebendies wird auch durch den Umstand konfirmiert, dass dieses Organ neben den genannten Exekutivkompetenzen auch über gewisse richterliche Zuständigkeiten verfügt.[294]

Das ebenfalls diverse Kompetenzen verschiedener Gewalten habende, übergeordnete Organ der außerordentlichen, biannualen Heiligen Zusammenkunft, welche aus den Spitzen der 20 Klöster Athos' besteht, wurde bereits behandelt.[295] Schließlich kann an dieser Stelle noch von dem Organ der „Außerordentlichen Doppelten Heiligen Zusammenkunft" (Ἔκτακτος Διπλῆ Ἱερά Σύναξις) gesprochen werden, welches in der Athonitischen Verfassungsordnung (Charta) freilich nicht geregelt ist und eine quasi-Zusammenkunft der Väter Athos' darstellt, und dieses vierzigköpfige Organ (jeweils zwei Repräsentanten jeden Klosters nehmen hieran teil) wird auf Betreiben und nach Genehmigung des Ökumenischen Patriarchates einberufen, sofern hierfür ein besonderer Grund besteht.

Zu den Klöstern selbst, welche bekanntlich über eine bestimmte Selbstverwaltung verfügen, ist folgendes anzuführen. Sie sind, nach ansteigendem Grade der Geselligkeit der Lebensart ihrer Bruderschaften, unterteilt in idiorrhythmische und koinobitische.[296] Die letzteren werden durch ihren Abt, die ihn umgebenden Epitropoi und die dortigen Älteren verwaltet,[297] während die ersteren durch die zuständige Epitropi und die Zusammenkunft ihrer weiteren Vorsteher geleitet werden.[298] Besonders eindrucksvoll im Zusammenhang der Regelung der Athonitischen Verfassungsordnung (Charta) erscheint unter anderem der Komplex der Klärung von Fragen innerklösterlicher Finanzverwaltung,[299] aber auch die detaillierte Schilderung der Notwendigkeiten einer Abtwahl[300] oder der Wahl einer Epitropi[301].

---

[293] Art. 34 Athonitische Verfassungsordnung (Charta).
[294] Art. 40 Athonitische Verfassungsordnung (Charta).
[295] Siehe oben, G.III.
[296] Art. 84 Athonitische Verfassungsordnung (Charta), wobei lediglich idiorrhythmische in koinobitische umgewandelt werden können, nicht jedoch umgekehrt (Art. 85 Athonitische Verfassungsordnung (Charta)). Die koinobitischen Klöster werden vertieft geregelt in den Artt. 111-122 Athonitische Verfassungsordnung (Charta), die idiorrhythmischen in den Artt. 123-125 Athonitische Verfassungsordnung (Charta).
[297] Art. 111 Athonitische Verfassungsordnung (Charta).
[298] Art. 123 Athonitische Verfassungsordnung (Charta).
[299] Artt. 87-90 Athonitische Verfassungsordnung (Charta).
[300] Artt. 114-117 Athonitische Verfassungsordnung (Charta).
[301] Art. 119/124 Athonitische Verfassungsordnung (Charta).

3. Andere besondere Charakteristika in der Athonitischen Verfassungsordnung (Charta)

Über die Grenzen Griechenlands hinaus bekannt ist das sogenannte „Abaton"[302], das Verbot des Zutrittes zum Heiligen Berge für Frauen gemäß dem „seit jeher Bestehenden".[303] Dessen Verletzung führt eine Freiheitsstrafe mit sich,[304] womit nicht zuletzt der selbstverständliche Respekt der hellenischen Rechtsordnung gegenüber den dortigen Traditionen ausgedrückt wird. Diese Tradition fand entsprechende Erwähnung in der Gemeinsamen Erklärung über den Heiligen Berg, welche dem Beitrittsakte der Hellenischen Republik zu den Europäischen Gemeinschaften vom 28. Mai 1979 angefügt wurde und explizit die Verpflichtung der Gemeinschaften beinhaltete, den Status quo bei Anwendung der europarechtlichen Bestimmungen zu respektieren.[305] Auch wenn es in der Wissenschaft verschiedentlich Stellungnahmen zu einer etwa problematischen Beziehung zwischen Athos und der heutigen EU gegeben hat,[306] zeigt sich die Praxis bis dato in diesem Zusammenhang als eher wenig problematisch.[307]

In gewissem Sinne kontextverbunden ist auch folgende Bestimmung. Jeder den Heiligen Berg Betretende muss, abzüglich der anrainenden Ehrerbieter, über eine insgesamte Genehmigung des Besuches der Klöster und Bestandteile verfügen.[308]

Die zum Tragen religiöser Gewänder befugten Personen werden indes ebenfalls konkret bezeichnet.[309] Auch das Erbrecht hinsichtlich des allgemeinen Vermögens der auf dem Heiligen Berge wohnhaften und gestorbenen zivilen

---

[302] Siehe hierzu sehr umfassend *Polyzoidis*, a.a.O. [Fn. 275], S. 122 ff. (auf Griechisch); *Papastathis, Charalambos*, Das Abaton des Heiligen Berges für die Frauen (Το Άβατον του Αγίου Όρους στις γυναίκες), in: Zeitschrift ‚Armenopoulos' 33 (1979), S. 80 ff. (auf Griechisch).

[303] Art. 186 Athonitische Verfassungsordnung (Charta).

[304] Art. 43b der legislativen Verordnung vom 10./16. September 1926 sowie die legislative Verordnung des 19./28. September 1953; vgl. etwa *Polyzoidis*, a.a.O. [Fn. 186], S. 258 (auf Griechisch).

[305] ABl. 1979, L 291/186. Vgl. *Polyzoidis*, a.a.O. [Fn. 275], S. 124 (auf Griechisch); *Iliopoulos-Strangas*, a.a.O. [Fn. 193], S. 413.

[306] Vgl. *Skandamis, Nikolaos*, Der Heilige Berg und die Europäischen Gemeinschaften (Το Άγιον Όρος και οι Ευρωπαϊκές Κοινότητες) in: Zeitschrift ‚Ελληνική Επιθεώρησις Ευρωπαϊκού Δικαίου/Elliniki Epitheorisis Europaikou Dikaiou' (EEEυρΔ) 1983 (2), S. 274 ff. (auf Griechisch); Zitat auch bei *Polyzoidis*, a.a.O. [Fn. 275], S. 124 (auf Griechisch). Vgl. ferner ebenfalls *Iliopoulos-Strangas*, a.a.O. [Fn. 193], S. 413 (m.w.N.).

[307] Hauptsächlich hervorgehend aus der Tatsache, dass die Klöster Athos' bestimmte Niederlassungsmöglichkeiten einräumen; vgl. *Skandamis*, a.a.O. [Fn. 306], S. 280 (auf Griechisch); Zitat auch bei *Polyzoidis*, a.a.O. [Fn. 275], S. 125 (auf Griechisch).

[308] Art. 176 Athonitische Verfassungsordnung (Charta).

[309] Art. 178 Athonitische Verfassungsordnung (Charta). Siehe zur Problematik vertiefend *Poulis, Georgios*, Die Anmaßung hinsichtlich des Gewandes eines Mönches der Orthodoxen Östlichen Kirche (Η αντιποίηση στολής μοναχού της Ορθοδόξου Ανατολικής Εκκλησίας), in: Zeitschrift ‚Armenopoulos' 37 (1983), S. 751 ff. (auf Griechisch).

Personen wird relativ umfassend geregelt.[310] Ferner ist schließlich das absolute Verbot jedes proselytistischen und propagandistischen Aktes ethischer, religiöser, kirchlicher, sozialer, nationalistischer und jedweder anderen Natur auf dem Heiligen Berge ebenfalls bedeutsam.[311]

---

[310] Art. 179 Athonitische Verfassungsordnung (Charta).
[311] Art. 184 Athonitische Verfassungsordnung (Charta).

H. Eine weitere namhafte Persönlichkeit mit besonderem Bezuge zum Heiligen Kloster der Panagia Eikosifoinissa: *Neophytos VIII.*, Ökumenischer Patriarch von Konstantinopel[312]

I. Jugend und Lehrjahre

Neophytos VIII. wurde im Jahre 1832 als *Ioakeim* in der Ortschaft Proti im südöstlichen Makedonien geboren; seine Eltern waren der Geistliche *Konstantinos Papakonstantinou* und *Margarita Papakonstantinou*. Bereits wenige Tage nach seiner Geburt sollte die Familie nach Rodolivos umziehen.

Die Eltern des jungen *Ioakeim* hatten sich recht früh dafür entschieden, dass auch ihr Sohn ein Geistlicher werden sollte. Schon 1839 sandten sie ihn daher zu Verwandten der Familie, welche im nahegelegenen Heiligen Kloster der Panagia Eikosifoinissa als Mönche wirkten. Sein erster Lehrer dort war sein Großvater *Antonios* (Mönch); in der Folge der Mönch *Melenikios*, welcher der soeben wiedererrichteten ‚Hellenischen Schule‘ des Heiligen Klosters vorstand. Ab 1848 setzte er seine Studien in der ‚Hellenischen Schule‘ der nahegelegenen Ortschaft Alistrati fort, welche damals einen Sitz des Metropoliten von Drama darstellte. 1851 wurde ihm sodann die große Ehre zuteil, in der Theologischen Fakultät von Chalki in Konstantinopel zu studieren; der Metropolit von Derka, *Neophytos*, hatte sich für den sehr talentierten jungen Mann nachhaltig eingesetzt. 1855 wurde *Ioakeim* zum Mönch, und kurze Zeit später (mithin kurz vor dem Ende seiner Studien in Chalki im Jahre 1858) zum Diakon, mit Namen *Neophytos*.

Nach dem Ende seiner Studien kehrte er nach Alistrati zurück, um als Lehrer zu fungieren und der ‚Hellenischen Schule‘ solcherart für die reichhaltige Bildung zu danken, die er dort genossen hatte. Daran schloss sich eine Tätigkeit

---

[312] Vgl. im Folgenden *(ohne Autorenangabe)* ‚Neophytos VIII.‘ (Νεόφυτος Η‘), eingesehen auf dem Internetauftritt des Ökumenischen Patriarchates von Konstantinopel (ec-patr.org) unter http://www.ec-patr.org/list/index.php?lang=gr&id=314 (m.w.N.; auf Griechisch; Abruf am 8. Januar 2017).

für den Metropoliten *Kallinikos* von Nyssa an. 1861-1864 war *Neophytos* Diakon und Sekretär in Diensten des Metropoliten von Stromnitsa, *Ierotheos*. Auf diese Tätigkeit folgte, kraft besonderer Vermittlung durch seine Arbeitgeber, nahtlos ein weiterer Studienaufenthalt, nunmehr in Bayern: 1864-1866 studierte *Neophytos* in München Theologie, wobei er insbes. die Vorlesungen des *Ignaz von Döllinger* verfolgte. Der Aufenthalt half *Neophytos*, seine Deutschkenntnisse zu perfektionieren; leider musste das Studium abrupt beendet werden, da sein Bruder, der Diakon *Meletios*, welcher ihn auch finanziell unterstützte (und zwischenzeitlich Direktor einer Schule in Kairo geworden war) starb. *Neophytos* wurde in der Folge Erzdiakon und Sekretär des Metropoliten von Amaseia *Sofronios*, unter dessen Ägide *Neophytos* 1867 zum Archimandriten avancierte.

II. Kirchenfürst

Am 25. November desselben Jahres (1867) wurde er, auf Vorschlag des Metropoliten von Drama *Agathaggelos*, Bischof von Eleftheroupolis. In dieser Tätigkeit widmete er sich verstärkt Fragen der Bildungspolitik. Am 19. Januar 1872 wurde er zum Metropoliten von Philippopel gewählt; am 14. November 1880 zum Metropoliten von Adrianopel. Daran schloß sich am 7. März seine Wahl zum Metropoliten von Pelagonien und schließlich, am 1. August 1891 zum Metropoliten von Nikopolis und Preveza. Die sukzessive Bekleidung höchster Kirchenämter in vielen bedeutsamen Zentren der Orthodoxie sprachen bereits Bände über den Stellenwert des *Neophytos* innerhalb der damaligen orthodoxen Kirche.

Daher wunderte es niemanden, dass er am 27. Oktober 1891, kurz nach dem Tode des ökumenischen Patriarchen von Konstantinopel *Dionysios V.*, zu dessen Nachfolger gewählt wurde. Man schätzte insbes. seinen unermüdlichen Einsatz für die Bildungspolitik. In diesen Zusammenhang fallen auch eine Reihe königlicher Besuche in Konstantinopel: Die serbische Königinmutter *Natalja* und König *Aleksandar I. (Obrenovic)* besuchten *Neophytos VIII.* 1892 respektive 1894.

Infolge einiger Meinungsverschiedenheiten mit der damaligen Bischofskonferenz reichte *Neophytos VIII.* im Oktober 1894 jedoch seinen

Rücktritt vom Amte des ökumenischen Patriarchen ein und starb am kleinasiatischen Antigone in der Nacht vom 4. auf den 5. Juli 1909.

I. Jüngste Entwicklungen, insbes. Restitution: Die Rückführung des ‚Kodex 1424' (Dezember 2016)

Der älteste existente handschriftliche Komplettband des Alten Testamentes, dessen Entstehung auf das 9. Jahrhundert n. Chr. datiert worden ist und welcher als ‚Kodex 1424' Bekanntheit erlangte, wurde Anfang Dezember 2016 dem Heiligen Kloster der Panagia Eikosifoinissa zurückgegeben.[313] Der griechisch-orthodoxe Erzbischof von Amerika, *Dimitrios*, übergab den Band feierlich dem Metropoliten von Drama, *Pavlos*, und der Äbtissin des Klosters, *Alexia*.[314]

Bevor dieses freudige Ereignis geschehen konnte, mühten sich über die letzten Dekaden viele griechisch-orthodoxe Würdenträger um eine entsprechende Restitution. Der ‚Kodex 1424' kann in diesem Kontext als exemplarisch für die Plethora von wertvollen Reliquien und Kunstschätzen gewertet werden, welche von den Bulgaren fast genau einhundert Jahre zuvor, namentlich 1917 gestohlen worden sind. Zuletzt hatte sich der ökumenische Patriarch Konstantinopels, *Bartholomaios I.*, immer vehementer für eine Rückführung des bezeichneten Kodizes eingesetzt, naturgemäß auch der seit 2005 amtierende Metropolit von Drama, *Pavlos*.[315]

---

[313] Vgl. den Bericht *(ohne Autorenangabe)* der Zeitung ‚Proto Thema', Das älteste Komplettmanuskript des Alt. Testamentes ist zum Kloster der Panagia Eikosifoinissa zurückgekehrt. Eine langjährige und anstrengende Bemühung hat ihr Ende gefunden (Επέστρεψε στη Μονή Παναγίας Εικοσιφοινίσσας το παλαιότερο πλήρες χειρόγραφο της Π. Διαθήκης. Έλαβε τέλος μια πολυετής και κοπιαστική προσπάθεια), auf protothema.gr vom 3. Dezember 2016, eingesehen unter http://www.protothema.gr/greece/article/633955/drama-epestrepse-sti-moni-panagias-eikosifoinissas-to-palaiotero-plires-heirografo-tis-p-diathikis/ (auf Griechisch; Abruf am 4. Januar 2017).
[314] Vgl. ibid.
[315] Vgl. ibid.

ÜBER DIE ARCHITEKTUR DES HEILIGEN KLOSTERS DER PANAGIA EIKOSIFOINISSA

J. Zur Architektur des Heiligen Klosters der Panagia Eikosifoinissa: Beschreibung des Heiligen Klosters und seiner architektonischen Besonderheiten[316]

Das Heilige Kloster befindet sich in einer sehr attraktiven Naturlage, inmitten der Wälder des Pangaion-Gebirges, 753m über dem Meeresspiegel.[317] Der erste optische Eindruck des Betrachters ist bereits imposant, da das Klostergelände in zwei wesentliche Teile dividiert ist: Das hauptsächliche Kloster einerseits, und die den Wallfahrenden vorbehaltenen Örtlichkeiten.[318] Letztere umfassen konkreter einen Gästehauskomplex von drei Gebäuden mit insgesamt 200 Betten, einer Wohnung für diensthabende Priester, eine Mensa zur Selbstbedienung der Gläubigen, die Nebenkirche der ‚Zoodochos Pigi' sowie einen Blütengarten nebst einem alten Brunnen.[319]

Das hauptsächliche Kloster hat in seinem Zentrum die herausragende Kirche der „Eisodia tis Theotokou" und umfasst die Abtei, die Zellen der Nonnen, das ‚Archontariki', die Nebenkirche der Heiligen Barbara nahe der alten Weihwasserquelle, das Museum, die Mensa, die Arbeitsstätten und weitere, sachverbundene Gebäude.[320] Entsprechend dem Usus alter orthodoxer Klöster ist der gesamte Klosterkomplex von hohen Mauern umgeben.[321]

Vor dem Heiligen Kloster besteht nach wie vor ein Platz, der im Schatten jahrhundertealter Platanen steht.[322] Unweit hiervon findet sich das Denkmal zu Ehren der 172 Mönche der Panagia Eikosifoinissa, welche im Jahre 1507 von den Osmanen getötet wurden. Dieses Denkmal wurde 1972 errichtet;[323] mithin feiert auch dieses im Jahre 2017 ein, wenngleich halbrundes, Jubiläum von 45

---

[316] Vgl. im Folgenden *Moschopoulos*, a.a.O. [Fn. 2], prinzipiell S. 1 ff. (auf Griechisch); ebenso *Tsiakas*, a.a.O. [Fn. 2], prinzipiell S. 1 ff. (auf Griechisch); *Panagopoulos*, a.a.O. [Fn. 2], prinzipiell S. 1 ff. (auf Griechisch); herausragend *Provatakis*, a.a.O. [Fn. 2], mit einschlägigen Elementen bereits S. 1 ff. (auf Griechisch); ferner *(ohne Autorenangabe)* Das Heilige Kloster der Panagia Eikosifoinissa (Ιερά Μονή Παναγίας Εικοσιφοίνισσας), a.a.O. [Fn. 2] (auf Griechisch); *(ohne Autorenangabe)* Das Heilige Kloster der Panagia Eikosifoinissa (Pangaion) (Ιερά Μονή Παναγίας Εικοσιφοίνισσης (Παγγαίου)), a.a.O. [Fn. 2] (auf Griechisch); *(ohne Autorenangabe)* Makedonische Kirchentradition: Das Heilige Kloster der Panagia Eikosifoinissa des Pangaion (Μακεδονική Εκκλησιαστική παράδοση: Η Ιερά Μονή Παναγίας Εικοσιφοίνισσης Παγγαίου), a.a.O. [Fn. 2] (auf Griechisch); *Kontos*, a.a.O. [Fn. 2] (auf Griechisch); *Rizopoulos*, a.a.O. [Fn. 26] (auf Griechisch).
[317] Vgl. *Kyratsos*, a.a.O. [Fn. 3], S. 30 (auf Griechisch).
[318] Vgl. ibid.
[319] Vgl. ibid.
[320] Vgl. ibid.
[321] Vgl. ibid.
[322] Vgl. ibid.
[323] Vgl. ibid.

Jahren. Es ist umrankt von den Zweigen eines weiteren, hohen Baumes und hat an seiner Spitze ein schön herausgearbeitetes Mosaik, welches die Mutter Gottes abbildet. Es überzeugt den Betrachter mit seiner nicht aufdrängenden Schönheit.

An der Innenwand der hohen Mauern des Heiligen Klosters findet sich – unweit der bezeichneten Kirche – ein aus feinem Marmor gearbeiteter Anbetungsort (,Προσκυνητάριον'), auf welchem anlässlich von Feiertagen am Ende der Litanei die Heilige Ikone der Gottesmutter aufgestellt wird.[324] Vor dieser werden dann regelmäßig die Gläubigen gesegnet, welche in großer Zahl solche Prozessionen verfolgen.[325]

Unweit dieses Ortes findet sich ein anderer Anbetungsort mit einem Gewölbe, unterhalb dessen sich die Gläubigen mit geweihtem Wasser eindecken können, welches aus der bereits angeführten Weihwasserquelle nahe der Nebenkirche der Heiligen Barbara gewonnen wird.[326] Dieser Ort der Weihwasserausgabe ist zudem mit weiteren schönen Mosaiken geschmückt.[327] In der Nähe finden sich außerdem der Friedhof mit der kleinen Kapelle zu Ehren der ,Agioi Anargyroi'.[328]

Der Haupteingang zum Heiligen Kloster ist ein großes Tor, über welchem sich ein weiteres Mosaik der Mutter Gottes mitsamt einer Abbildung des Jesuskindes befindet.[329] Das Mosaik ist in sehr harmonischen Farben gefertigt worden, wobei ein leichter Gelbton überwiegt. In der Mitte sieht man die Mutter Gottes im violetten Gewande, beide Hände gen Himmel haltend, und das Jesuskind, bei dessen Kleidung ebenfalls Gelbtöne überwiegen, ist auf ihrem Schoß. Ausweislich des Mosaiks selbst, wurde es von *I. Kolefas* gefertigt. Letzteres gilt ebenso für ein weiteres Mosaik: konkreter dasjenige, welches über dem (internen) Folgetor nach dem Haupteingang des Heiligen Klosters anzutreffen ist und die beiden Gründer-Besitzer (Ktetoren), den Heiligen Germanos und den Heiligen Dionysios abbilden.[330] Links der Heilige Germanos, im braunen Gewande, rechts der Heilige Dionysios, in einem weißen Gewande, welches von schwarzen Kreuzen geschmückt ist. Beide halten mit jeweils einer Hand die im Zentrum des Mosaiks ersichtliche Abbildung der Kirche des Heiligen Klosters fest. Beide Mosaiken wurden freilich auf besonderen Wunsch und Rat des Metropoliten *Dionysios* von Drama hin gefertigt, als dieser – wie angeführt – den Wiederaufbau des Heiligen Klosters ab Mitte der 1960er Jahre

---

[324] Vgl. ibid.
[325] Vgl. ibid.
[326] Vgl. ibid.
[327] Vgl. ibid.
[328] Vgl. ibid.
[329] Vgl. ibid.
[330] Vgl. *Kyratsos*, a.a.O. [Fn. 3], S. 30-31 (auf Griechisch).

nach Kräften forcierte.[331] Bereits 1953 wurde freilich eine asphaltierte Straße zum Kloster hin gebaut, welche am Tage Mariä Himmelfahrt (15. August) jenen Jahres feierlich eingeweiht wurde.[332]

Nachdem man auch dieses zweite Tor hinter sich gelassen hat, kommt man nunmehr in die Örtlichkeiten des hauptsächlichen Klosters.[333] Auf der linken Seite ist bereits die angesprochene Nebenkirche der Heiligen Barbara zu sehen;[334] daneben führt eine kleine, bogenförmige Pforte über eine Treppe von neun Stufen zur Weihwasserquelle, welche dereinst vom Heiligen Germanos entdeckt wurde.[335] Heutzutage ist diese Pforte freilich geschlossen, da das Weihwasser – zugunsten der Gläubigen – beim bereits angeführten Anbetungsorte ausgegeben wird.[336] Von besonderer Bedeutung ist eine Abbildung oberhalb der besagten Pforte, welche die Gottesmutter darstellt, die durch die Engel dem Heiligen *Germanos* den Befehl zur Schaffung dieses Heiligen Klosters erteilt;[337] ferner ist auch das Wunder der Amsel abgebildet.[338] Unter dieser Abbildung kann man folgendes Epigraph des Ausspruches der Gottesmutter erkennen:

„Γερμανέ, πιστότατε δοῦλε τοῦ μονογενοῦς μου Υἱοῦ, ὕπαγε εἰς τά μέρη τῆς Μακεδονίας καί κτίσον μοναστήριον".

(*„Germanos, treuester Diener meines einzigen Sohnes, gehe nach Makedonien und erbaue ein Kloster".).*[339]

Daneben ist ein weiteres Epigraph zu lesen:

„Θαῦμα θεῖον ἔδειξεν ἡ Θεοτόκος Κόρη, διά τοῦ κόσσιφος πουλίου, φανερώσασα τοῦτο τό ὕδωρ, ὅπερ σκάπτων Γερμανός ὁ ἅγιος κτήτωρ, ἐνεδόθη κάτωθεν εἰς θαῦμα μέγα, κατά τό ἔτος 518".

---

[331] Vgl. *Kyratsos*, a.a.O. [Fn. 3], S. 31 (auf Griechisch).
[332] Vgl. die entsprechende Erzählung von *Giannis Chatzidimitriou* bei *Kyratsos*, a.a.O. [Fn. 3], S. 191 (auf Griechisch).
[333] Vgl. *Kyratsos*, a.a.O. [Fn. 3], S. 31 (auf Griechisch).
[334] Vgl. ibid.
[335] Vgl. ibid.
[336] Vgl. ibid.
[337] Vgl. ibid.
[338] Vgl. ibid.
[339] Vgl. ibid.

(Die Mutter Gottes hat ein göttliches Wunder gewiesen, indem sie dieses Wasser durch den Amselvogel offenbarte, welches Germanos der heilige Ktetor durch weiteres Graben hier unten im Jahre 518 als großes Wunder erkannte").[340]

Diese Epigraphe sind freilich im Gefolge des Jahres 1842 entstanden, die Nennung der Jahreszahl 518 ist jedoch von besonderer Bedeutung.[341]

Ganz in der Nähe findet sich das ‚Archontariki', in welchem die Gläubigen Nahrung und Getränke zu sich nehmen können.[342] Inmitten eines großen Platzes findet sich sodann das „Katholikon", die zentrale Kirche des Heiligen Klosters.[343] Es ist auf viereckiger Basis entstanden, mit Ausmaßen von etwa 20x20 Metern.[344] Abgesehen vom Sanktuarium, welches noch aus dem 11. Jahrhundert stammt, wurde die übrige Kirche im Jahre 1842 erbaut.[345] Sie hat zwei große und zwei kleinere Kuppeln.[346] Die Kuppeln sind allesamt in hellblauer Farbe gefertigt worden. Das Dach ist mit Platten erbaut worden, und am Ende der nördlichen kleineren Kuppel sind zwei kleine Zypressen zu entdecken, welche – gleichsam als ständiges Wunder – auf dem Dach erblühen.[347]

Drei Seiten der Kirche (lediglich abzüglich der Ostseite) sind von Außenwänden mit Kolonnaden umgeben.[348] An den Außenwänden sind ferner Wandmalereien ersichtlich, deren wichtigste die Heiligen Germanos, Dionysios, Nikolaos und Neophytos abbilden, wie auch die Heilige Ikone des Klosters selbst.[349] Zu dieser Ikone ist zu sagen, dass ihr besonderes Charakteristikum darin besteht, dass sowohl das Gesicht der Mutter Gottes als auch des Jesuskindes nicht abgebildet sind, sondern an jenen Stellen Holzflächen ersichtlich sind.

Die genannten Wandmalereien (Abbildungen) wie auch eine Reihe weiterer solcher im Inneren der Kirche wurden von *Matthaios*, einem Maler von Heiligenbildern aus Moldawien, gefertigt.[350]

---

[340] Vgl. ibid.
[341] Vgl. ibid.
[342] Vgl. ibid.
[343] Vgl. ibid.
[344] Vgl. ibid.
[345] Vgl. ibid.
[346] Vgl. ibid.
[347] Vgl. ibid.
[348] Vgl. ibid.
[349] Vgl. *Kyratsos*, a.a.O. [Fn. 3], S. 31-32 (auf Griechisch).
[350] Vgl. *Kyratsos*, a.a.O. [Fn. 3], S. 32 (auf Griechisch).

In der südöstlichen Ecke der Kirche findet sich ein imposanter Glockenturm, und im Inneren der Kirche gibt es auch eine besondere Innenwand.[351] Vier Säulen von jeweils etwa sieben Metern Höhe stützen die Kuppeln.[352] Von besonderer Kunst ist die holzgeschnitzte, vergoldete Ikonenwand („τέμπλον‘), an welcher sich auch die Heilige Ikone befindet.[353] Oberhalb der ‚Schönen Pforte‘ („Ωραία Πύλη‘) ist die Jahreszahl 1799 angegeben;[354] sie wurde von 1781 bis 1802 von Arbeitern aus Chios gefertigt.[355]

Holzgeschnitzt und vergoldet ist auch der Thron des kirchlichen Würdenträgers sowie der Anbetungsort, welches sich in der südlichen Ecke der Ikonenwand befindet.[356] Zwischen den zwei Säulen der Südseite der Kirche finden sich – in gläsernen Schutzhüllen – vergoldete Schreine mit all denjenigen Gebeinen von Heiligen, die nicht von den Bulgaren während der Weltkriegsbesatzungen gestohlen und nach Bulgarien verbracht worden sind.[357]

Als architektonisches Ganzes ruft die Kirche, namentlich ihr Inneres mit den vergoldeten Holzschnitzen, den byzantinischen Ikonen, den Kronleuchtern und der übrigen reichen Ausschmückung die Bewunderung des Gläubigen hervor und erinnert stark an die Kirchen der Heiligen Klöster des Heiligen Berges Athos.[358] Insbesondere ist bereits der Anblick der wundersamen und Heiligen Ikone der Mutter Gottes in der Lage, solche Bewunderung zu erwecken, da sie zur Schaffung einer Atmosphäre besonderer Ergriffenheit beiträgt.[359]

Außerhalb und über den Mauern des Heiligen Klosters findet sich – östlich gelegen – die alte Mühle, welche in jüngerer Zeit ebenfalls renoviert worden ist.[360] Darüber hinaus auch das ‚Stasidion tis Panagias‘ mit einem kleinen Anbetungsort.[361] An dieser Stelle standen bis vor einigen Jahren noch Überbleibsel des Baumes, aus dessen Holz die Heilige Ikone geschaffen worden ist.[362] Um deren Schönheit abschließend nochmals zu würdigen, sei ein Ausschnitt eines alten Kanons an die Mutter Gottes an dieser Stelle erwähnt:[363]

---

[351] Vgl. ibid.
[352] Vgl. ibid.
[353] Vgl. ibid.
[354] Vgl. ibid.
[355] Vgl. ibid.
[356] Vgl. ibid.
[357] Vgl. ibid.
[358] Vgl. ibid.
[359] Vgl. ibid.
[360] Vgl. ibid.
[361] Vgl. ibid.
[362] Vgl. ibid.
[363] Vgl. *Kyratsos*, a.a.O. [Fn. 3], S. 206 (auf Griechisch).

„Μόνον ὅτι σέ φωνάζω, φόβου παντός ἀπαλλάττομαι. Τόσο μεγάλη εἶναι ἡ χάρη Σου καὶ ἀμέτρητος ἡ βοήθειά Σου. "

(„Wenn ich Dich bereits anrufe, bin ich von jeder Angst befreit. Denn so groß ist Deine Gnade und unzählbar Deine Hilfe").

BIBLIOGRAPHIE

(Anm.: Die Titel aller in griechischer Sprache veröffentlichten Quellen wurden durch den Verfasser zum besseren Verständnis ins Deutsche übersetzt)

a) Monographien und Aufsätze

- *Atsalos, Vassilis,* Die Manuskripte des Heiligen Klosters der Kosinitsa (oder Eikosifoinissa) des Pangaion (Τα χειρόγραφα της Ιεράς Μονής της Κοσίνιτσας (ή Εικοσιφοίνισσας) του Παγγαίου) [Stadtgemeinde Drama, Historisches Archiv, Nr. 1 (Δήμος Δράμας, Ιστορικό Αρχείο, αριθ. 1)], Drama 1990
- *derselbe,* Der Name des Heiligen Klosters der freihändig gefertigten Panagia des Pangaion, der Kosinitsa oder Eikosifoinissa Genannten (Η ονομασία της Ιεράς Μονής της Παναγίας της Αχειροποιήτου του Παγγαίου, της επονομαζομένης της Κοσινίτσης ή Εικοσιφοινίσσης), [Stadtgemeinde Drama, Historisches Archiv (Δήμος Δράμας, Ιστορικό Αρχείο)], Drama 1995
- *Eftaxias, Athanassios,* Die Revision der Verfassung (Η αναθεώρησις του Συντάγματος), Athen 1911
- *Frangistas, Charalambos,* Verfassungskraft der Regeln der Kirche (Συνταγματική δύναμις των Κανόνων της Εκκλησίας), in: Aristoteleion Panepistimion Thessalonikis (Hrsg.), Wissenschaftliches Jahrbuch der Juristischen und Wirtschaftswissenschaftlichen Fakultät, Band 13: Festschrift für Ilias G. Kyriakopoulos (Αριστοτέλειον Πανεπιστήμιον Θεσσαλονίκης, Επιστημονική Επετηρίς Σχολής Νομικών και Οικονομικών Επιστημών, Τόμος ΙΓ΄: Τιμητικός Τόμος Ηλία Γ. Κυριακόπουλου), Thessaloniki 1966, S. 1183 ff.
- *Gmelin, Hans,* Die Verfassung der griechischen Republik, in: JöR 16 (1928), S. 270 ff.
- *Grigoriadis, Foivos N.,* Teilung - Kleinasien, 1909-1930 (Διχασμός - Μικρά Ασία, 1909-1930), Athen 1971
- *Gritsopoulos, Tasos Ath.,* Studie über das Leben und Akoluthie des ökumenischen Patriarchen Dionysios I. von Philippopel, des aus Dimitsana Stammenden (1466-1472, 1488-1490). Mit einem Beitrag zur kirchlichen Geschichte von Philippopel im 17. Jahrhundert (Μελέτη περί του βίου και ακολουθία του από Φιλιππουπόλεως Οικουμ. Πατριάρχου Διονυσίου Α΄ του εκ Δημητσάνης (1466-1472, 1488-1490). Μετά συμβολής εις την εκκλησιαστικήν ιστορίαν Φιλιππουπόλεως κατά τον ΙΖ΄ αιώνα), Athen 1955 (Archiv des thrakischen völkischen und sprachlichen Schatzes, Bd. 11-20. Gesellschaft Thrakischer Studien, Nr. 421, Preis der Akademie von Athen 1954; Αρχείον Θρακικού λαογραφικού και γλωσσικού θησαυρού, Τομ. ΙΘ΄-Κ΄. Εταιρεία Θρακικών Μελετών, αριθ. 421, Βραβείον Ακαδημίας Αθηνών 1954)
- *Iliopoulos-Strangas, Julia,* Grundrechtsschutz in Griechenland, in: JöR N.F. 32 (1983), S. 395 ff.
- *Kotzias, Alexandros,* Die Nationale Teilung, Venizelos und Konstantinos (Ο Εθνικός

Διχασμός, Βενιζέλος και Κωνσταντίνος), Athen 1974
- *Kyratsos, Dionysios K. (Bischof; Metropolit von Drama)*, Geschichte und Wunder der Panagia Eikosifoinissa. Kurze Geschichte des Klosters und Wunder der Panagia Eikosifoinissa (Ιστορία και Θαύματα Παναγίας Εικοσιφοινίσσης. Σύντομη Ιστορία της Μονής και Θαύματα Παναγίας Εικοσιφοινίσσης) (Herausgeber und Mitarbeit: Evangelos P. Lekkos), 5. Aufl. Drama 2003
- *Mantzaridis, Georgios,* Der Heilige Berg Athos (ins Deutsche übersetzt von *Wiertz, Paul*), in: *Nyssen, Wilhelm/Schulz, Hans-Joachim/Wiertz, Paul,* Handbuch der Ostkirchenkunde, Band III, 1. Aufl. Düsseldorf 1997, S. 51-69
- *Michalopoulos, Grigorios A.*, König Konstantin (Ο Βασιλεύς Κωνσταντίνος), Athen (ohne Jahresangabe)
- *Mikragiannanitis, Nikephoros, Priestermönch,* Der Heilige Berg Athos *(herausgegeben von der Hütte der Heiligen Erzengel, Skite der Mikra Agia Anna, Athos und übersetzt von G. Adam)*, 1. Aufl. Athos 2003
- *Moschopoulos, Damaskinos,* Das Heilige Kloster der Eikosifoinissa (Η Ιερά Μονή της Εικοσιφοινίσσης), Konstantinopel 1896
- *Müller, Andreas E.*, Berg Athos: Geschichte einer Mönchsrepublik, München 2005
- *Mönch Neophytos, Abt des Heiligen Klosters der Panagia Eikosifoinissa,* Katalog der in der Sakristei des Heil. Klosters der Eikosifoinissa aufbewahrten Heiligen Ornate und Gegenstände und Heiligen Gebeine (Κατάλογος Ιερών Αμφίων και Σκευών και Αγίων Λειψάνων φυλαττομένων εν τω Σκευοφυλακίω της Ι. Μονής της Εικοσιφοινίσσης), Zeitschrift 'Γρηγόριος ο Παλαμάς/Grigorios o Palamas' Bd. 2 (1918), S. 691-698
- *Panagiotakos, Panagiotis I.*, Systematik des Kirchenrechts gemäß seiner Geltung in Griechenland. Band IV: Das Recht der Mönche (Σύστημα Εκκλησιαστικού Δικαίου κατά την εν Ελλάδι ισχύν αυτού. Τόμος Δ΄: Το Δίκαιον των Μοναχών), Athen 1957
- *Panagopoulos, Dimitrios,* Das Heilige Kloster der Eikosifoinissa des Pangaion (Ιερά Μονή Εικοσιφοινίσσης Παγγαίου), Athen 1973
- *Papastathis, Charalambos,* Das Abaton des Heiligen Berges für die Frauen (Το Άβατον του Αγίου Όρους στις γυναίκες), in: Zeitschrift ‚Armenopoulos' 33 (1979), S. 80 ff.
- *Parashu, Dimitrios,* Die Weimarer Reichsverfassung und die Verfassung der II. Hellenischen Republik - Bioi Paralleloi? Berlin 2012
- *derselbe,* Die Verfassungswirklichkeit auf dem Heiligen Berge Athos, in: derselbe, Die Verfassungswirklichkeit auf dem Heiligen Berge Athos und andere Schriften zum ausländischen öffentlichen Recht und dem institutionellen Europarecht, Berlin 2013
- *derselbe,* Gedanken zu möglichen Elementen staatspolitischer Konkordanz für die aktuelle Verfassung der Hellenischen Republik, Berlin 2016
- *Petridis, Pavlos V.,* Die Regierung der Glücksburg in Griechenland (1863-1974) (Η Βασιλεία των Γλύξμπουργκ στην Ελλάδα (1863-1974), Athen 1999
- derselbe (Hg.), Historisch-Politische Dokumente. Band 2 (Ιστορικο-Πολιτικά Ντοκουμέντα. Τόμος Β'): *Melas, Georgios M.,* Konstantin. Erinnerungen seines ehemaligen Sekretärs (Ο Κωνσταντίνος. Αναμνήσεις του πρώην γραμματέως του), Thessaloniki 2000
- *Polyzoidis, Konstantinos Th.,* Das Brauchtum im Rahmen der Orthodoxen Kirche. Beitrag zu seiner rechtskanonischen und historischen Betrachtung (Το έθιμον εις το πλαίσιον της Ορθοδόξου Εκκλησίας. Συμβολή εις την νομοκανονικήν και ιστορικήν του θεώρησιν), Thessaloniki 1986
- *derselbe,* Kirchliche Quellen des Kirchenrechts. Orthodoxes Mönchstum (Εκκλησιαστικές Πηγές Εκκλησιαστικού Δικαίου. Ορθόδοξος Μοναχισμός), Thessaloniki 1991
- *Poulis, Georgios,* Die Anmaßung hinsichtlich des Gewandes eines Mönches der Orthodoxen Östlichen Kirche (Η αντιποίηση στολής μοναχού της Ορθοδόξου Ανατολικής Εκκλησίας), in: Zeitschrift ‚Armenopoulos' 37 (1983), S. 751 ff.
- *Provatakis, Theocharis M.,* Das Kloster der Eikosifoinissa der freihändig gefertigten (Ikone)

des Pangaion-Gebirges (Η Μονή Εικοσιφοίνισσας η Αχειροποίητος του Παγγαίου Όρους), Athen 1998
- *Skandamis, Nikolaos*, Der Heilige Berg und die Europäischen Gemeinschaften (Το Άγιον Όρος και οι Ευρωπαϊκές Κοινότητες) in: Zeitschrift ‚Ελληνική Επιθεώρησις Ευρωπαϊκού Δικαίου/Elliniki Epitheorisis Europaikou Dikaiou' (EEEυρΔ) 1983 (2), S. 274 ff.
- *Thomas, John Philip*, Private Religious Foundations in the Byzantine Empire (Dumbarton Oaks Studies, Twenty-Four), Washington D.C. (Dumbarton Oaks) 1987
- *Troianos, Spyridon*, Lektionen des Kirchenrechts (Παραδόσεις Εκκλησιαστικού Δικαίου), 2. Aufl. Athen-Komotini 1984
- *Tsatsos, Themistoklis/Volonakis, Michail*, Die Rechtspflege auf dem Heiligen Berge (Η απονομή της Δικαιοσύνης εν Αγίω Όρει), in: Zeitschrift AEKΔ (Αρχείον Εκκλησιαστικού και Κανονικού Δικαίου/Archeion Ekklisiastikou kai Kanonikou Dikaiou) 4 (1949), S. 213 ff.
- *Tsiakas, Konstantinos Euthymiou*, Geschichte des Heiligen Klosters der Eikosifoinissa des Pangaion, mitsamt eines Gebetskanons der freihändig (erschaffenen) Ikone und einer Akolouthie des Heiligen Dionysios, Patriarchen von Konstantinopel, der im Heiligen Kloster der Eikosifoinissa asketisch wirkte (Ιστορία της Ιεράς Μονής Εικοσιφοινίσσης Παγγαίου μετά Παρακλητικού Κανόνος της αχειροποιήτου και Ακολουθίας του Αγίου Διονυσίου Πατριάρχου Κωνσταντινουπόλεως, ασκήσαντος εν τη Ιερά Μονή Εικοσιφοινίσσης), Drama 1958
- *Tsourkas, Dimos Kl.*, Die außerordentlichen Gerichte. Beitrag zur Auslegung und Anwendung des Artikels 8 Abs. 2 der Verfassung (Τα έκτακτα δικαστήρια. Συμβολή στην ερμηνεία και εφαρμογή του άρθρου 8 § 2 του Συντάγματος), Thessaloniki 1987
- *Zampounis, Christos*, Die königliche Familie Griechenlands (Η Βασιλική Οικογένεια της Ελλάδος), Athen 1998
- *Zaoussis, Alexandros L.*, Alexandros und Aspasia 1915-1920 (Αλέξανδρος και Ασπασία 1915-1920), Athen 2000

b) Judikatur

- Entscheidung der 3. Kammer des Areopages (ΑΠ) 555/1961 (Γ' Τμήμα), in: Zeitschrift ‚Εφημερίς Ελλήνων Νομικών/Efimeris Ellinon Nomikon' (EEN) 29 (1962), S. 207-209

c) Internetquellen

- *Chatzopoulos, G. Ch.*, Heimatrückführung der GEFANGENEN Wertgegenstände des Heil. Kl. der Eikosifoinissa aus Bulgarien (Επαναπατρισμός των ΦΥΛΑΚΙΣΜΕΝΩΝ κειμηλίων της Ι. Μ Εικοσιφοίνισσας από Βουλγαρία) vom 28. Mai 2010, eingesehen unter http://yaunatakabara.blogspot.de/2010/05/blog-post_28.html
- *Kontos, Konstantinos I.*, Byzantinisches Erbe: Das Heilige Frauenkloster der Panagia Eikosifoinissa des Pangaion (Βυζαντινή παρακαταθήκη: Η Ιερά γυναικεία Μονή Παναγίας

Εικοσιφοινίσσης Παγγαίου) vom 13. August 2015, eingesehen unter
http://yaunatakabara.blogspot.de/2012/06/blog-post_29.html
- *Rizopoulos, Pan.*, Heilige Basilika, patriarchisches und aus dem Kreuze quellendes Kloster
der Panagia Eikosifoinissa. Die (freihändig geschaffene Ikone) des Pangaion und
Beschützerin Makedoniens (Ιερά Βασιλική, Πατριαρχική και Σταυροπηγιακή Μονή
Παναγίας Εικοσιφοινίσσης. Η Αχειροποίητος του Παγγαίου προστάτιδα της Μακεδονίας),
Dezember 2007, eingesehen unter http://www.orthodoxia.gr/show.cfm?id=1144&obcatid=3
- *(ohne Autorenangabe)* Das Heilige Kloster der Panagia Eikosifoinissa (Pangaion) (Ιερά
Μονή Παναγίας Εικοσιφοινίσσης (Παγγαίου)) vom 8. Oktober 2009, eingesehen unter
http://yaunatakabara.blogspot.de/2009/10/blog-post_6918.html
- *(ohne Autorenangabe)* Makedonische Kirchentradition: Das Heilige Kloster der Panagia
Eikosifoinissa des Pangaion (Μακεδονική Εκκλησιαστική παράδοση: Η Ιερά Μονή
Παναγίας Εικοσιφοινίσσης Παγγαίου) vom 6. April 2012, eingesehen unter
http://yaunatakabara.blogspot.de/2012/04/blog-post_06.html
- *(ohne Autorenangabe)* Heiliges Kloster der Eikosifoinissa des Pangaion. Das Wunder des
legendären bulgarischen Stiefels der Eikosifoinissa (Ιερά Μονή Εικοσιφοίνισσας Παγγαίου.
Το Θαύμα της βουλγαρικής θρυλούμενης μπότας της Εικοσιφοινίσσης) vom 3. Juni 2013,
eingesehen unter http://yaunatakabara.blogspot.de/2013/06/blog-post.html
- *(ohne Autorenangabe)* Bericht der Zeitung ‚Proto Thema‘, Das älteste Komplettmanuskript
des Alt. Testamentes ist zum Kloster der Panagia Eikosifoinissa zurückgekehrt. Eine
langjährige und anstrengende Bemühung hat ihr Ende gefunden (Επέστρεψε στη Μονή
Παναγίας Εικοσιφοινίσσας το παλαιότερο πλήρες χειρόγραφο της Π. Διαθήκης. Έλαβε
τέλος μια πολυετής και κοπιαστική προσπάθεια), auf protothema.gr vom 3. Dezember 2016,
eingesehen unter http://www.protothema.gr/greece/article/633955/drama-epestrepse-sti-
moni-panagias-eikosifoinissas-to-palaiotero-plires-heirografo-tis-p-diathikis/
- *(ohne Autorenangabe)* Das Heilige Kloster der Panagia Eikosifoinissa (Ιερά Μονή Παναγίας
Εικοσιφοίνισσας) auf dem Internetauftritt von ‚Μοναστήρια της Ελλάδος‘ (Klöster
Griechenlands; monastiria.gr), eingesehen unter
http://www.monastiria.gr/makedonia/nomos-seron/iera-moni-eikosifoinissas/
- *(ohne Autorenangabe)* 'Dionysios I.' (Διονύσιος Α‘), eingesehen auf dem Internetauftritt
des Ökumenischen Patriarchates von Konstantinopel unter https://www.ec-
patr.org/list/index.php?lang=gr&id=167
- *(ohne Autorenangabe)* ‚Pachomios I.‘ (Παχώμιος Α‘), eingesehen auf dem Internetauftritt
des Ökumenischen Patriarchates von Konstantinopel (ec-patr.org) unter https://www.ec-
patr.org/list/index.php?lang=gr&id=178
- *(ohne Autorenangabe)* ‚Theoliptos I. ‘ (Θεόληπτος Α‘), eingesehen auf dem Internetauftritt
des Ökumenischen Patriarchates von Konstantinopel (ec-patr.org) unter https://www.ec-
patr.org/list/index.php?lang=gr&id=181
- *(ohne Autorenangabe)* ‚Jeremias I.‘ (Ιερεμίας Α‘), eingesehen auf dem Internetauftritt des
Ökumenischen Patriarchates von Konstantinopel (ec-patr.org) unter https://www.ec-
patr.org/list/index.php?lang=gr&id=187
- *(ohne Autorenangabe)* ‚Neophytos VIII.‘ (Νεόφυτος Η‘), eingesehen auf dem
Internetauftritt des Ökumenischen Patriarchates von Konstantinopel (ec-patr.org) unter
http://www.ec-patr.org/list/index.php?lang=gr&id=314